张国通 著

二战时期
日本强征『慰安妇』罪行
采访纪实

中华书局

图书在版编目(CIP)数据

二战时期日本强征"慰安妇"罪行采访纪实/张国通著. —北京：
中华书局,2015.6
　ISBN 978-7-101-10931-3

　Ⅰ.二…　Ⅱ.张…　Ⅲ.军国主义-性犯罪-史料-日本
Ⅳ.K313.46

中国版本图书馆 CIP 数据核字(2015)第 090459 号

书　　名　二战时期日本强征"慰安妇"罪行采访纪实
著　　者　张国通
责任编辑　郭　妍　罗华彤
出版发行　中华书局
　　　　　（北京市丰台区太平桥西里 38 号　100073）
　　　　　http://www.zhbc.com.cn
　　　　　E-mail:zhbc@zhbc.com.cn
印　　刷　北京精彩雅恒印刷有限公司
版　　次　2015 年 6 月北京第 1 版
　　　　　2015 年 6 月北京第 1 次印刷
规　　格　开本/889×1194 毫米　1/16
　　　　　印张 12　字数 100 千字
国际书号　ISBN 978-7-101-10931-3
定　　价　198.00 元

目录

序一

用镜头见证历史

新华社世界问题研究中心研究员
未来亚洲研究会副会长　张焕利

　　《二战时期日本强征"慰安妇"罪行采访纪实》是摄影家张国通先生的新著。

　　我结识张国通，始于20世纪90年代初的日本大馆。他自1992年起致力于日本侵华战争中遗留的中国劳工诉讼问题的采访，将摄影镜头聚焦于对日本侵华战争罪行的拍摄、挖掘、记录和梳理，用大量的纪实照片记录了日军侵华战争罪行的铁证，见证了第二次世界大战期间日本军国主义者对中国人民犯下的滔天罪行，也成为反击和鞭笞日本政府一直妄图逃避侵略战争罪行图谋的影像见证。

　　据新华网2014年3月16日报道，位于南京利济巷的侵华日军"慰安所"旧址将被认定为文物保护单位。此处是经"慰安妇"指认、亚洲现存规模最大的侵华日军"慰安所"旧址。

　　"慰安妇"制度是二战时期日本政府及其军队强迫各国妇女充当日军性奴隶的制度，大量中国、朝鲜和东南亚的妇女惨遭日军的蹂躏。南京利济巷"慰安所"原建筑面积4800平方米，加上外围的店铺共8000平方米，旧址现存建筑7幢。侵华日军曾在这里设立了两处"慰安所"。我国吉林省档案馆最新整理的一批侵华日军遗留档案证明，战争期间强征"慰安妇"是日本的政府行为。这对日本政界和学界部分右翼分子关于"强征慰安妇是当时民间业者的自发行为"的诡辩是个有力的回击。

　　另据韩联社报道，美军解密文件显示，美军1945年4月审讯在缅甸被捕的日军俘虏时获取了关于日军"慰安妇"的供述。根据其内容，日军在缅甸眉谬建立了"慰安妇设施"。

　　另一份解密文件描述，日本陆军军医每周五访问"慰安妇设施"，对"慰安妇"进行体检，在这里为日军提供性服务的150余名女性全部确诊感染性病。这些文件内容证明，日军曾大规模、有组织地强征各国妇女充当"慰安妇"，并有系统地管理她们。

　　1993年，笔者作为新华社常驻日本记者，报道了时任日本政府内阁官房长官的河野洋平代表日本政府发表的"河野谈话"，日本政府承认日军强征"慰安妇"的历史事实，并表示反省和歉意。但是，目前日本右翼政客否认日军官方曾直接参与强征"慰安妇"，并声称要重新审视"河野谈话"。

　　2014年2月，日本首相安倍晋三在日本国会上表示要对日军强征"慰安妇"的"河野谈话"进行查证。

　　不久前，在中国、韩国及美国的反对下，日本内阁官房长官菅义伟表示不考虑修改"河野谈话"，但他仍谎称当时日本政府并没有直接参与强征"慰安妇"。张国通先生的新著《二战时期日本强征"慰安妇"罪行采访纪实》出版发行，正是对日本安倍之流的当头棒喝！

2015年1月16日于北京

序二

惨绝人寰的暴行

旅日华侨中日交流促进会秘书长　林伯耀

　　2013年6月，躺在山西太原医院病床上的万爱花老人奄奄一息，她悲苦凄惨的一生似已走到尽头。我因实在难以脱身，便委托张国通从河南就近赶赴太原，代表我去探望弥留之际的万爱花老人。在医院里，挣扎中的万爱花用眼泪和愤怒表达了自己最后的心声：日本政府，你还我公道！万爱花把自己最悲惨的人生经历，以及最后的心愿，都写在了自己亲笔签名的致日本首相安倍晋三的"抗议书"中，字字血，声声泪。尤其，万爱花表达的最迫切的心愿，是强烈要求日本政府尊重历史事实，承担战争责任，向遭受日本性暴力的中国受害妇女谢罪、赔偿。

　　万爱花老人将"抗议书"委托张国通辗转送到日本。2013年7月2日下午，我们直接将"抗议书"交到日本内阁府呈送安倍晋三首相，并提出请安倍首相对万爱花老人诉求作出答复的要求。

　　2013年9月4日，84岁的万爱花含恨离世。她十几岁被占领家乡的日本兵抓走，三次逃跑，三次抓回，数十天身陷魔窟被强奸、轮奸，险些丧命，导致身体致残，丧失生育能力，无儿无女，一生羞辱。最终，她也没能等到讨来公道的那一天。她走了，她死能瞑目吗？

　　正如一年一年中国战争受害者递交给日本政府、递交给日本首相的一封封抗议书、请愿书一样，万爱花老人的"抗议书"乃至她的最起码的诉求同样石沉大海。无数在日本侵华战争中受害

的中国劳工，无数被日军性暴力残害的中国妇女，无数南京大屠杀的受害者，无数日本细菌战的受害者、大轰炸的受害者……他们的呼唤、他们的伸张，无不被施以他们深重灾难的日本政府所蔑视和践踏。日本政府无视历史事实，无视人类道德良知，至今不肯对其侵略战争罪行谢罪、反省，更对战争受害者的正当要求置若罔闻、百般抵赖，丧失了一个国家最起码的道义责任，这从日本政府一贯的历史认识，尤其从安倍首相参拜靖国神社、妄图修宪的一系列狂妄表现中一目了然。

　　二战期间，日本推行的"慰安妇"制度，使无数的亚洲女性深受其害。日军的性暴力使20多万中国女同胞饱受摧残，带给了她们永远都无法弥补的肉体和精神创伤。张国通在本书中所记述的，也许仅仅是日军罄竹难书的性暴行中的冰山一角，但有助于我们从这些受害者们的血泪控诉中，去认识日本二战中实施的"慰安妇"制度罪恶、丑陋的本质，并且进一步看清日本时至今日仍在否认、歪曲，甚至为其罪行歌功颂德的丑恶嘴脸。

　　前事不忘，后事之师。让我们记住这一页，记住人类历史上女性们所蒙受的这最为黑暗、残酷的一页，记住人类历史上日军性暴行那最为丧失人性和道德良知的残暴的一页！

2015年1月5日于日本神户

序三

记录和保存刻骨铭心的历史

上海师范大学教授　中国"慰安妇"问题研究中心主任　苏智良

　　日本侵华战争是20世纪亚洲的一场大灾难，一场大浩劫。在日本军国主义罄竹难书的暴行中，对妇女的暴行尤为令人发指。

　　中国是日本"慰安妇"制度的重灾区。经过二十年的调查，我们得知，日军慰安所遍及所有的日军占领区，从黑龙江到海南岛，从辽宁至云南。当年的受害者们，至今生活在身体伤害、精神折磨的状态之中。

　　张国通最初只是一个业余摄影爱好者，自接触了抗日战争的题材，便一头扎了进去。我们民族大约是个喜好欢乐的民族，许多人不愿意去回首探视民族苦难的历史。十多年间，张国通以战争性暴力受害者为重点拍摄对象，在海南、山西、广西、河南、江苏的山地平原间穿梭。他的镜头，有一种历史的沉重感和感染力，如本书的封面——王玉开老人的肖像，那饱含热泪的眼睛充满期待的目光，还有那双劳作了一辈子的老瘦的手，瞻仰后令人难忘。这位饱经沧桑的老人，已于2014年1月4日离开人世了。2012年张国通的"慰安妇"摄影展曾在我工作的上海师范大学展出，受到了学校师生和上海市民的欢迎和高度评价。

　　张国通也是不少敦促日本认罪的国际集会的参与者。如2000年"东京女性国际战犯法庭"，作为当时中国代表团的团长，我至今还记得张国通的身影。我们可以在本书中看到60余位"慰安妇"幸存者在法官判决日本天皇有罪、日本政府有罪之后登台亮

相时的喜悦和泪水，其情其景，历历在目。

　　我还要说的是，时至今日，有些人包括日本的一些作家、律师、政治家，并没有深刻认识"慰安妇"制度的性质。所谓的"慰安妇"，并不是一般的性暴力受害者，而是日军的性奴隶，是失去人身自由的处于被奴役状态的性暴力受害者。"慰安妇"有多种形态，既包括在慰安所的受害者，也包括在日军据点、炮楼中遭受日本兵长期蹂躏的女子。在世界文明史上，这是空前的军事性奴隶制度和战争犯罪。日本NHK新任会长籾井胜人于2014年1月25日竟悍然宣称，"慰安妇"各国都有，哪个国家都有红灯区。环顾四海，红灯区的确不少，但以国家之力推行"慰安妇"——性奴隶制度的，唯有日本！这种谬论不是无知，就是无耻。日本如果不能深刻反省侵略战争的罪行并求得受害国的谅解，就没有光明的未来。

　　时光流逝，据我所知，目前中国大陆的"慰安妇"幸存者只剩下20人了。记录、搜集日军"慰安妇"的史料，就显得更为急迫了。张国通的这本《二战时期日本强征"慰安妇"罪行采访纪实》是保存历史的好作品，希望有更多的读者能从中得到教益和启示。

2015年1月28日于上海

绪言

从日本《朝日新闻》的"道歉"说开去

2014年8月15日，我在靖国神社采访。

这一天，是日本战败投降六十九周年日，也被日本称作"终战日"。

上午，安倍内阁两名阁僚，日本国家公安委员长古屋圭司、总务大臣新藤义孝先后参拜了供奉有14名二战甲级战犯的靖国神社。日本首相安倍晋三当天通过代理人以自民党总裁名义向靖国神社供奉了祭祀费。

日本前首相小泉纯一郎之子、自民党众议员小泉进次郎，以及日本国会议员组成的超党派议员联盟约80人也于当天上午参拜了靖国神社。

这一天，靖国神社人山人海，沸腾如潮，参拜神社的队伍长龙般一拨下去一拨上来。更有不知其数的日本右翼团体、右翼分子身着二战时期日军军服，高擎军旗巨标，在靖国神社内耀武扬威、周游演示，大有当年日军扬眉"大东亚共荣圈"的阵势。

这些都不说了。

靖国神社正门外，如潮人海中，又一道"风景"格外抢眼。在"八一五"这一天，在靖国神社这一特定的地盘，这里也绝对是"主角秀场"。

我拍下了以下两张图片：

2014年8月15日，靖国神社，日本右翼势力攻击《朝日新闻》关于"慰安妇"问题的报道。内容是："从军慰安妇"是《朝日新闻》捏造的；韩国虚假宣传"20万人被作为性奴隶"的源头是《朝日新闻》；发起不读、不买、不让读《朝日新闻》运动。

2014年8月15日，靖国神社入口处，右翼团体发起撤销"河野谈话"签名，强烈要求尽快废除没有事实根据的、使从军"慰安妇"问题扩大化的诸恶的根源——"河野谈话"

一张是正在进行的要求撤销"河野谈话"的签名运动，或被邀请、或是主动的络绎不绝进行签名的画面。一张是一名男性声嘶力竭抗议《朝日新闻》并要求其就刊登"慰安妇"问题的报道进行"道歉"的画面。

其实，要求撤销"河野谈话"也好，要求《朝日新闻》"道歉"也好，其核心问题只有一个，那就是，"慰安妇问题"作为日本二战期间犯下的战争罪行，是安倍政权一定要推卸的责任；作为日本欲要扫清的一道历史障碍，是安倍政权一定要搬掉的"目标"。于是，怀着同一企图的安倍晋三首相和那些军国主义及右翼分子们，便都不遗余力了。

那么，我们就先从《朝日新闻》的"道歉"说起。

综合日本媒体、环球网报道：

2014年8月5日，日本《朝日新闻》在晨刊上刊登了对该报1991年至1992年有关"慰安妇"报道的调查文章，并表示对于"在济州岛（现属韩国）强掳"的日本籍男性证词，"认为是不实证词，将撤销（相关）报道"。此事随即在日本掀起轩然大波，引来日本国民及媒体的强烈批评。

日本首相安倍晋三就《朝日新闻》撤销部分"慰安妇"报道一事表示，《朝日新闻》需要面向世界撤销该报道。他还表示，应当向国际社会解释"事实关系"，挽回日本的"名誉"。

一直妄图为日军强征"慰安妇"问题翻案的日本右翼势力近日异常兴奋：日本《朝日新闻》5日起刊登报道，宣布撤销1991年至1992年的一系列文章，该系列文章引用日本军人的证词，证明日军在济州岛暴力强掳女性，强迫其成为"慰安妇"。"'河野谈话'的基础崩塌了"，日本右翼媒体《产经新闻》欢呼称。

《读卖新闻》6日发表社论称，《朝日新闻》关于"慰安妇"的报道不仅煽动了韩国的反日舆论，且成为"对日本的错误认识"扩展至世界范围内的证据之一，"早就应该撤回该报道了"。一位曾在日本主流媒体担任记者与编辑工作的日本人7日对《环球时报》记者说，"撤销报道"事件已成为不少日本右翼趁机打击《朝日新闻》并试图否认日军强征"慰安妇"历史的机会，这非常可怕。6日，联合国人权事务高级专员皮莱严厉批评日本政府"未能寻求全面、公正、永久性解决'慰安妇'问题"，这是联合国一个月内第二次就"慰安妇"问题对日本提出批评。

《朝日新闻》5日起连续两天在早报上刊文称：经判断认为该报1991年至1992年关于日本军在济州岛强征"慰安妇"的"吉田证言"是虚构的，决定撤回有关报道。"对济州岛进行了重新采访，没有得到可以证明其证词可靠性的证据。专家的采访也证明，其证词的核心部分有几处矛盾。"共同社称，《朝日新闻》1982年起曾多次报道日本前山口县劳务报国会下关支部动员部长吉田清治的证词，吉田著有《朝鲜慰安妇和日本人》《我的战争罪行——强掳朝鲜人》，并赴韩国进行谢罪。他在书中称，自己曾使用暴力强掳朝鲜女性，迫其成为"慰安妇"。共同社也曾引述吉田的话称，日军"将大约1000名妇女从朝鲜半岛送往战场当'慰安妇'"等。但因为济州岛当地没有证据证明，也没有"慰安妇"方面的相关证词，1992年开始，日本方面就有人对吉田的证词进行质疑。

一贯在"慰安妇"问题上和《朝日新闻》针锋相对的《产经新闻》5日起也接连发文，否认"慰安妇"问题。该报称，吉田清治的证词是日本承认"慰安妇"问题的"河野谈话"的基础，现在证明该报道失实，"河野谈话"的基础也已崩溃。《读卖新闻》6日发表社论称，1992年就被指出存在疑问，却将该问题拖延了二十多年，《朝日新闻》负有重要责任。文章称，"吉田证言"被1996年联合国人权委员会的"库马拉斯瓦米报告"引用，成为"强征慰安妇"这一"误解"迅速扩大至国际社会的原因之一。韩国朴槿惠政权以"库马拉斯瓦米报告"为证据，强烈反对日本政府2014年6月对"河野谈话"进行重新验证。"(韩国政府)这种顽固的对日强硬姿态不可能简单改变，日本政府也不要轻易妥协。"

日本《每日新闻》7日的社论认为，是否存在"强征慰安妇"问题不应成为舆论争议的焦点，"慰安妇"问题的实质是女性人权。文章称，"慰安妇"问题在政治上已经解决，"河野谈话"中承认了旧日本军的参与，安倍政权也向全世界承诺将继承"河野谈话"，就不应该再花费时间在日本国内讨论是广义上的强制性还是狭义上的强制性，这将损害国家利益。"应该从战争期间的女性尊严这一全球性问题进行对待，采取日本应该采取的措施。"

《朝日新闻》为何旧事重提、宣布撤销二十多年前的报道，也引起一些媒体的猜测。日本"活力门"网站7日刊登文章称，《朝日新闻》面临着严峻的生存环境，安倍在上台前曾称："吉田清治是个骗子，《朝日新闻》却把他写的书像事实一样进行错误报道，使得问题闹大。"文章引述《朝日新闻》有关人士的话称，安倍政权上台后，《朝日新闻》对其批判加速，结果报社连日遭到投诉、抗议和抵制，发行量大幅下降。此外，正如《朝日新闻》自己所说，"部分论坛和网站批评本报捏造事实。所以要对读者肩负起说明的责任"。

日本政府也欲借此事穷追猛打。6日晚，日本自民党干事长石破茂公开表示，将就撤销报道一事传唤《朝日新闻》有关人员，继续在国会进行检查和验证。

另据共同社7日报道，联合国人权事务高级专员皮莱6日发表声明称，"日本政府未能寻求全面、公正、永久性解决'慰安妇'问题"，对此"深表遗憾"。皮莱指出，"慰安妇"受害人"在战争结束后的几十年里，人权依然受到侵犯"，该问题"不是历史问题而是现代的问题，一天不实现正义并作出赔偿，人权侵犯就会继续下去"。他还批评日本官方人士的否认或诋毁性发言给"慰安妇"造成了莫大的痛苦。评论称，在"慰安妇"问题使日韩两国间矛盾日益尖锐的背景下，皮莱的发言引发关注。联合国人权理事会要求日本政府就"慰安妇"问题公开道歉并承认国家责任。

"河野谈话"，是日本政府从1991年12月开始对第二次世界大战中与日军相关的"慰安妇问题"进行调查后，于1993年8月4日由时任内阁官房长官的河野洋平宣布调查结果时发表的谈话。"河野谈话"承认日本在很长一段时期内，在很多地方设置了慰安所，在那里有很多"慰安妇"。慰安所是那时的军事当局要求筹建的，原日本军参与了慰安所的设置、管理以及"慰安妇"的运送。"慰安妇"的招募，主要是由军方委托进行的，但也有经过花言巧语和高压而违反本人意愿的许多事例，也有一些是官吏直接支持的。"慰安妇"问题给很多女性的名誉和尊严带来了严重的伤害。

另据澎湃新闻网报道，在《朝日新闻》撤稿声明发布前，《朝日新闻》及其记者就已经遭受了日本舆论的重重围攻，甚至已经超出"左右"之争，而是被言论暴力"打成筛子"。2014年1月底，日本某周刊发表了一篇题为《"捏造"记者当上大学教授》的文章，文中提到的教授正是1991年率先报道韩国"慰安妇"证言的记者。据知情者透露，该记者原定于4月起担任神户松荫女子学院大学的

教授，但在周刊报道后，校方收到大量抗议邮件，最终于3月解除了合同。

该记者曾任兼职讲师的另一所大学北星学园大学也收到威胁信。威胁者称"若不解聘，作为天谴将伤害学生"。网上还有人曝光了记者女儿的照片，并声称一定要"逼他自杀"。

另一名前《朝日新闻》记者任教的帝冢山大学（大阪狭山市）也从8月起不断收到邮件和电话抗议。9月13日，该校还收到了威胁信，信中扬言"要引爆混有钉子的燃气炸弹"。该记者当天办理了离职。

《朝日新闻》的"道歉"风波还在继续发酵。也许，这只是围绕"慰安妇"问题的又一轮较量而已。难道，仅仅靠着《朝日新闻》的"道歉"，仅仅靠着"河野谈话"的"撤销"，就能把日本军国主义的侵略历史，把日本二战期间犯下的性暴行掩盖吗？

历史的真实和真实的历史重又面临着严峻的考验！

让我们走进历史！

第一章
世界舆论针对日本
"慰安妇"问题的言论

第一节 日本政府的"两种态度"

一、正视历史

1. 1995年8月15日的"村山谈话"

1995年8月15日,世界反法西斯战争胜利五十周年纪念日,村山富市首相就历史问题发表正式谈话:

"……今天,日本成为和平、富裕的国家,因此我们动辄忘掉这和平之尊贵与其来之不易。我们应该把战争的悲惨传给年轻一代,以免重演过去的错误。并且要同近邻各国人民携起手来,进一步巩固亚太地区乃至世界的和平,为此目的特别重要的是,同这些国家之间建立基于深刻理解与相互信赖的关系。这是不可缺少的。日本政府本着这种想法,为支援有关近现代史上日本同近邻亚洲各国关系的历史研究,并为扩大同该地区各国的交流,正在展开以这两方面为支柱的和平友好交流事业。同时,关于我国政府现在致力解决的战后处理问题,为进一步加强我国和这些国家之间的信赖关系,继续要诚恳地处理。

村山富市

正当战后五十周年之际,我们应该铭记在心的是回顾过去,从中学习历史教训,展望未来,不要走错人类社会向和平繁荣的道路。

我国在不久的过去一段时期,国策有错误,走了战争的道路,使国民陷入存亡的危机,殖民统治和侵略给许多国家,特别是亚洲各国人民带来了巨大的损害和痛苦。为了避免未来有错误,我就谦虚地对待这一毫无疑问的历史事实,谨此再次表示深刻的反省和由衷的歉意。同时谨向在这段历史中受到灾难的所有国内外人士表示沉痛的哀悼。

战败后五十周年的今天,我国应该立足于过去的深刻反省,排除自以为是的国家主义,作为负责任的国际社会成员促进国际协调,来推广和平的理念和民主主义。与此同时,非常重要的是,我国作为经历过原子弹轰炸的唯一国家,包括追求彻底销毁核武器以及加强核不扩散体制等在内,要积极推进国际裁军。我相信只有这样才能偿还过去的错误,也能安慰遇难者的灵魂。

古话说:'杖莫如信'。在这值得纪念的时刻,我谨向国内外表明下一句作为我的誓言:信义就是我施政的根本。"

2. 1993年8月4日的"河野谈话"

20世纪90年代初，在一批有良知的学者和相关女权团体和人权团体的协助下，日本"慰安妇"问题的真相逐渐浮出水面。曾经深受"慰安妇"制度伤害的韩国，首先就战争期间的韩国妇女挺身队问题要求日本政府正式谢罪并赔偿。

1992年8月，曾经被强征为"慰安妇"的韩国妇女金学顺第一个冲破重重的社会压力，讲出了自己的证言。此后受害者们纷纷出来作证。接着在各国学者的努力下，日军设立并管理慰安所的相关档案资料也相继被发现。一个追究日本在"慰安妇"问题上的战争罪行的国际运动在亚洲开展起来。

随着事实真相逐渐为世人所知晓，要求日本公开谢罪并予以赔偿的国际集会和相关研讨会不断举行，国际社会敦促日本政府承担不容推卸的国家责任。

在强大的国际压力下，日本朝野对"慰安妇"问题的认识和态度产生了极大的争议。进步学者荒井信一、吉见义明等教授于1993年正式建立了"日本战争责任中心"，通过大量深入的调查表明，日本军方对"慰安妇"制度有着相当完备的规划和建构，强征"慰安妇"是日军有计划、有预谋的行为，日军亲自参与了对慰安所的管理和经营。

在韩国和日本有关人士的积极活动下，"慰安妇"问题也引起了国际社会的关注。1992年2月在联合国人权委员会上，来自日本民间团体的代表报告了日军在战争期间

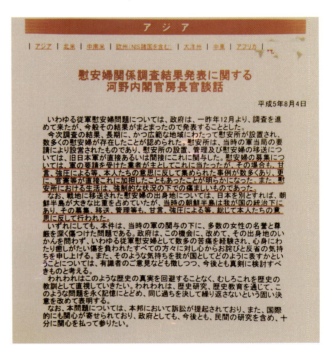

"河野谈话"（录自东京女性战争与和平资料馆）

强征"慰安妇"的情况。同年5月，联合国人权委员会的现代奴隶制讨论会通过了致联合国秘书长的文件，要求基于国际法的立场关注日军的"慰安妇"问题。

1993年6月，在维也纳召开的联合国世界人权大会上，通过了《关于废除对女性暴力的宣言》。宣言谴责侵犯女性人权的行为，并提出有效追究的原则。宣言还认为日军"慰安妇"问题是"战争中对女性的奴隶制"，应该予以谴责。在强大的国际压力下，日本政府在民间调查的基础上，分别于1992年7月和1993年8月，两次公布了对"慰安妇"问题进行调查的结果，承认在日本仍然存有关于"慰安妇"的档案资料。这些历史资料无可辩驳地证实

了日本政府和军队与"慰安妇"问题的直接关系，从而证明了"慰安妇"的强迫性质。

1993年8月4日，时任日本政府内阁官房长官的河野洋平代表日本政府发表了有关"慰安妇"问题的调查结果，即"河野谈话"：

"关于所谓从军慰安妇的问题，政府从前年12月开始展开调查，目前已发表调查结果。

此次调查结果显示，当时很长一段时期内，很大范围的区域设置有慰安所，存在大量慰安妇。慰安所根据当时军方的要求而设置营运，原日本军队直接或间接参与了慰安所的设置、管理以及慰安妇的运送。在征募慰安妇方面，主要由应军队要求的业界承担，在这种情况下，存在许多哄骗、强制等违反本人意愿的事例，而且，也确实存在当局直接参与（强征慰安妇）的事例。此外，慰安所内的生活处在强制状态下，非常痛苦。

被运送到战场的慰安妇中，除日本人外，来自朝鲜半岛的占了很大比重，当时朝鲜半岛处于日本统治下，在慰安妇的征集、运送、管理等方面，采用哄骗、强制等手段，总体上违反了本人的意志。

总之，这是在当时军方参与下、严重伤害许多女性名誉和尊严的问题。政府要以此为契机，不问出身，再次向所有经历众多苦痛、身心受到创伤的所谓从军慰安妇们表示诚挚道歉和反省之意。另外，日本应如何表示这种心情，希望能征集有识之士的意见，今后应加以认真研究。

我们不回避这个历史事实，更要正视这个历史教训。我们将通过历史研究和历史教育，把这个问题永远铭记在心，并再次坚决表明绝不再犯同样错误的决心。

此外，围绕这一问题，国内有人提起诉讼，国际社会也很关注，政府今后仍将结合民间研究，对此给予充分关注。"

二、掩盖罪行

1.日本首相安倍晋三：

没有发现强掳"慰安妇"的证据。

新华网东京2007年3月1日电　据时事社报道，日本首相安倍晋三1日晚在首相官邸回答记者提问时说，当年日军强迫亚洲妇女充当"慰安妇"缺少证据。

据报道，安倍当晚在谈到1993年时任内阁官房长官河野洋平就"慰安妇"问题发表的谢罪谈话时表示，没有证据来证明当初提出的存在强迫行为是事实。

"事实上没有证据证明存在强迫行为"。"即使美国众议院通过要求日本就'慰安妇'道歉的决议案，也不意味着我们要道歉"。

2.日本维新会共同党首、大阪市长桥下彻：

谁都明白"慰安妇"制度是有必要的。

2013年5月13日，桥下彻声称，日本在第二次世界大战时"招募"妇女充当随军"慰安妇"，"对维持军队纪律而言有必要"。

"勇敢的士兵集团在枪林弹雨中精神亢奋"，作战间歇需要"慰安妇"让他们"好好休息"；为防止发生战争胜利一方对失败一方的暴行，作为维持军纪的一种手段，

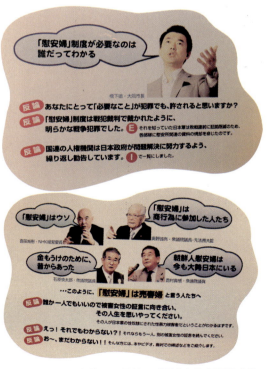

安倍晋三等关于"慰安妇"问题的言论

像"慰安妇"这样的制度当时确有必要。

3.日本NHK会长籾井胜人：

"慰安妇"在哪个国家都有。"慰安妇"问题业已解决，赔偿过了也道歉过了。

4.日本NHK经营委员百田尚树：

"慰安妇"是个谎言。

5.日本众议院议员、原法务大臣奥野诚亮：

"慰安妇"都是些参加商业行为的家伙。

6.东京都知事石原慎太郎：

"慰安妇"过去老早就有了。

7.日本众议院议员西村真悟：

朝鲜"慰安妇"至今还大量混在日本。

（录自东京女性战争与和平资料馆）

2014年8月15日，靖国神社，日本右翼擎着歪曲"慰安妇"历史的标语到处游弋。

第二节　国际社会谴责日本政府否认掩盖"慰安妇"罪行的言论

据中新社联合国2014年3月17日电　在17日举行的联合国第58届妇女地位委员会会议上，中国常驻联合国副代表王民对日本军队在二战期间强征"慰安妇"的罪行进行了严厉谴责。

王民表示，战争和冲突中对妇女的性暴力是最严重的侵犯人权行为，一直受到国际社会的一致反对和谴责。大量事实证明，二战期间日本军队在中国、韩国等许多国家有组织、大规模强征"慰安妇"作为"性奴隶"，犯下反人类的滔天罪行，成为20世纪人类历史上最耻辱的记忆。

王民说，被强征为"慰安妇"的妇女和女童遭受严重的性暴力，时隔七十年，她们中的幸存者寥寥无几且都年事已高，精神和肉体上受到的创伤至今无法愈合。她们中的多数人已经离我们而去，但至死也未能讨回公道。

王民指出，日本政府罔顾联合国人权机构的屡次敦促，拒绝承担法律责任和采取切实措施向受害者进行赔偿。日本政府高层企图否认侵略历史。尽管在国际社会压力下，日本政府近期表示没有考虑修改"河野谈话"，但仍将继续对"河野谈话"的出台经过进行所谓"调查"，企图为这一反人类罪行百般粉饰和开脱。

王民说，前不久日本首相安倍等领导人公然参拜供奉着14名甲级战犯的靖国神社，这些战犯正是强征"慰安妇"的罪魁祸首。上述行径是对"慰安妇"权益的严重践踏和蔑视，是对人类良知和历史正义的公然挑衅，也是对二战后国际秩序的粗暴挑战，遭到国际社会的严厉谴责和声讨。

王民呼吁，全世界的妇女团体应联合起来，敦促日本政府正视历史事实，向受害者作出正式、诚恳的道歉，以告慰那些逝去的灵魂，抚慰幸存者受尽苦难的心灵。

据人民网2014年10月24日电　内阁官房长官菅义伟10月22日发表否认"河野谈话"的言论，国际舆论纷纷谴责日本政府否认历史罪行的无耻行径，强烈要求其正视历史、深刻反省。

中国外交部发言人华春莹22日指出，强征"慰安妇"是日本军国主义在二战期间对亚洲等受害国人民犯下的严重反人道罪行，铁证如山，不容否认。华春莹表示："我们严肃敦促日方不折不扣地信守正视和深刻反省侵略历史的有关表态和承诺。"

韩国外交部发言人鲁光镒在23日的例行记者会上对日本官房长官涉"慰安妇"发言进行了批驳。他说，日本政府一面声称继承"河野谈话"，一面又反复发表这种倒行逆施的言论，令人极为失望。他强调，日军强征"慰安妇"是国际社会认定的历史事实，任何试图否认的行为都只会降低国际社会对日本的评价和信任。

鲁光镒要求日方在"慰安妇"等历史问题上做出真诚努力，治愈历史创伤。此前鲁光镒表示，可以证明日军征召"慰安妇"具有强制性的证据不计其数，其中最有力的就是受害人的亲口证词。

德国逃亡驱逐和解基金会主任曼弗莱德·基特尔教授认为，日本某些官员否认"慰安妇"的言论反映了战后日本政府在历史认识问题上的一贯推诿。当德国把希特勒罪恶团伙的参与者——问责并判处死刑、纳粹健在者至今仍受通缉时，日本战争罪犯仍然在东京所谓的靖国神社受到纪念。德国和日本在战后历史认识问题上差别迥异，一个重要原因就是对日本军国主义的罪行体系没有进行彻底清算。日本犯下的罪行在某种程度上有种族灭绝的成分，在历史问题上日本必须拷问自己扮演的角色。

日本共产党中央委员会机关报《赤旗报》23日表示，安倍内阁一方面声称继承"河野谈话"，另一方面又否认强征的事实，这根本无法成立。该报表示，国际社会早已把在慰安所中对女性实施强迫性奴隶行为认定是严重反人道罪行，单纯矮化"强征"的理论并不通用。安倍内阁越是试图架空"河野谈话"，就会进一步加深其在国际社会的孤立，并且被国际社会认为(安倍政权)是一个对女性人权毫不关心的政权，这只会玷污"日本的名誉"。

"继承和发展村山首相谈话会"理事长藤田高景对本报记者说，菅义伟的发言可认为是替安倍晋三说出了想要抹掉"河野谈话"的真心话和真实意图，是绝对不能被容许的。根据安倍政府一阶段以来否认历史的行径来推测，在明年8月15日的日本战败日，安倍要发表的"安倍谈话"可能会出现从事实上否认"村山谈话"与"河野谈话"的内容，我们坚决不能容许这种否认历史的无耻行为。

有日本媒体指出，虽然安倍政府表面上反复声称将继承"河野谈话"，但却不断通过调查谈话出台过程、质疑联合国"慰安妇"问题相关报告、质疑强征"慰安妇"相关报道等手段降低"河野谈话"可信度，试图表面继承、实际掏空"河野谈话"精神。

2013年7月2日，旅日华侨和中国战争受害者遗属在东京国会前声讨日本二战性暴行。

抗 议 书

日本首相安倍晋三
日本大阪市市长桥下彻

近年以来，日本一些政治家与日本右翼势力沆瀣一气，不断歪曲历史，为日本军国主义侵略战争罪行翻案，尤其是最近一段时间，作为日本首相的安倍晋三，以及日本大阪市市长桥下彻，一次次发表歪曲二战时期日本政府对伤害和摧残力罪行的言论，使我们这些受害者，也许活在世上的时日不多，我们一生惨屈辱。

我们已是风烛残年的受害者，为什么？因为正是你们，正是日本人手中的屠刀，让千千与痛苦和辛酸相伴终生。是日本人的烧杀抢掠，还有，又是你们日本政府制定的战争，践踏了我们的国土，把数十万中国女性沦为日本侵略者的"慰安妇"，又有不计其"慰安妇"制度，使数十万中国妇女和幼女，就被你们扫落的日本兵抓进了日军窑中数的姐妹们，甚至是十几岁的少女，一直折磨了21天，看我又逃了出来，被日本兵扔到拿我说，那时我还是遭轮奸，再被抓回被轮奸，我真是命如黄连，伤伤、痛白天遭毒打，晚上又遭轮奸29天，幸被人救起才捡回一条命，但是我的身体被日本兵致残了。我真是命如黄连，伤伤、痛又蹂躏轮奸29天，幸被人救起才捡回一条命，但是我的身体被日本兵致残了，失生有能力。

一生中，我很多时间都是在病床上度过的，带给我们这些受害妇女精神和肉体的创伤、痛无泪啊！你们日本兵的野蛮兽行，要由谁来偿还？

日本人欠下的血债，欠下的性暴力罪行，世人皆知，板上钉钉，铁苦和羞辱，你们还有人性吗？你们日本兵犯下的性暴力罪行，你们居然罔顾事实，颜例山，但是，作为日本首相，又任我们痛苦的心灵同日本政府，所向你们日本首相安倍晋三，作为大阪市市长的市长，犯下的性暴力的市长，我们日本首相安倍晋三，向大阪市的政治家，你们还有人性吗？命如游丝，可我却不下送口气，我要讨还血债！我只要歪曲"慰安妇"历史真相，又陷病在床，命如游丝，可我却不下送口气，我要讨还血债！我只要不谢罪，不赔偿，还继续伤害我们。我要大声质问日本政府，所向你们日本首相安倍晋三，作今天，就要提出强烈抗议，向日本首相安倍晋三，向大阪市市长桥下彻提出强烈抗议。

1. 强烈要求日本性暴力的中国受害妇女郑重道歉，承担战争责任，承担战争性暴力责任，作能活一天，要向桥下彻市长收回所说歪曲历史的言

2013年6月18日，山西省日军性暴力受害者万爱花发表致日本首相安倍晋三和大阪市长桥下彻的"抗议书"。

韩国民间团体在东京地方法院抗议日本司法对二战时期"慰安妇"受害者诉讼的非法判决，强烈要求日本政府谢罪赔偿。

台湾"慰安妇"受害者以亲身经历控诉二战时期日本性暴行，谴责"安倍谎言"。（台北市妇女救援基金会提供）

抗議安倍晉三公開說謊：
否認慰安婦受害史實！！！
台灣慰安婦挺身而出，當場反駁！！
記者會

第三节　世界的正义之声

一、联合国禁止酷刑委员会驳桥下彻厥词

新华社专电　日本大阪市长桥下彻就"慰安妇"问题大放厥词后，联合国禁止酷刑委员会2013年5月31日敦促日本政府根除类似行为，以避免"再次伤害"战争中被迫充当"慰安妇"的受害者。

联合国禁止酷刑委员会在一份文件中敦促日本政府"驳斥政府和公众人物否认史实的尝试，以及试图通过反复否认再次伤害受害者的做法"。

在这份评估日本对《禁止酷刑和其他残忍、不人道或有辱人格的待遇或处罚公约》落实状况的文件中，禁止酷刑委员会说，日本应该"公开承认对性奴役罪行负有法律责任，同时起诉和适当惩罚犯罪者"。

文件建议日本赔偿"慰安妇"问题受害者，"就这一问题教育公众，把相关事件纳入历史教科书，以避免今后再次违反"日本依照公约规定应尽的义务。

桥下彻5月13日称，"慰安妇"制度是战时保持军纪所必需，没有证据显示日本政府或军方直接采取绑架、胁迫"慰安妇"的行为。这番言论招致日本国内外一片谴责。

二、美媒：不能让安倍政府抹杀"慰安妇"真相

《光明日报》华盛顿2014年11月26日电　《纽约时报》近日刊登非营利研究中心"亚洲政策源"主任明迪·科特勒的专栏文章，文章称安倍政府的一系列政策措施显示日本正在脱离现实，现任政府企图削弱"河野谈话"，文章为此呼吁国际社会发声，不能让安倍政府抹杀"慰安妇"真相。

文章说，日本前首相中曾根康弘1978年撰写了回忆录《23岁统领3000人的司令官》，科特勒正是从这本回忆录中了解到了日本军队创立慰安所、提供"慰安妇"的源头。回忆录记述说，1942年，时任日本海军军需中尉的中曾根康弘驻扎在婆罗洲岛的巴厘巴板，负责监督一座机场的施工建设。他发现，不当性行为、赌博和斗殴在自己的手下中泛滥成风，导致了施工任务的拖延。中曾根康弘的解决方案是设立一座军事妓院，即"慰安所"，他弄来4名印度尼西亚妇女，用来给他的部队"缓解心情"。此举大获成功，连一份海军报告都对他进行了嘉许。中曾根康弘给自己的部队提供"慰安妇"的做法，在二战之前和二战期间，作为一种政策，被印度洋、太平洋地区数以千计的日本陆军和海军军官效仿。从瑙鲁到越南，从缅甸到东帝汶，日本军队把女性当成了第一批战利品。

科特勒指出，当时这样的叙述还比较常见，并不存在争议，完全不会妨碍一个人的政治生涯，因为中曾根康弘在1982年到1987年间担任了日本首相。然而，日本军方设立慰安所一事如今却成为一个备受争议的问题。安倍晋三领导的日本政府卷入了竭力把这段历史描绘成旨在抹黑日本的谎言的活动中。安倍政府否认日本帝国有组织地贩卖人口和强迫卖淫，暗示"慰安妇"仅仅是自愿的随军妓女。最新举动发生在2014年10月底：执政的自由民主党任命中曾根康弘的儿子、前外务大臣中曾根弘文主持一个委员会，而该委员会的任务就是"考虑采取具体措施，以恢复日本在慰安妇问题方面的名誉"，这明显具有很大的讽刺意味。

科特勒称，安倍政府的一个重要目标是削弱1993年的"河野谈话"，这次谈话以当时的日本内阁官房长官河野洋平命名，被普遍理解为日本政府对于战时使用慰安所和前线营地为军方及承包商提供性服务一事所做的正式道歉。"河野谈话"在韩国尤其受到欢迎，因为朝鲜半岛在1910年至1945年间被日本吞并，是大部分被掳掠的"慰安妇"的来源地。但是，日本的官方叙事正在迅速脱离现实，它把日本人而不是亚太战场的"慰安妇"描述为其中的受害者。安倍政府认为，这样修正历史问题，对于恢复日本战时的名誉和近现代民族自豪感而言，是一个不可或缺的组成部分。

文章强调，当下严峻的事实是安倍政府执迷于否认战争罪行。战争期间的强奸和非法性交易仍然是一个世界性的问题。如果我们希望减少这方面的罪行，就不能任由安倍政府否认历史。联合国安理会常任理事国必须明确表示，他们反对安倍政府刻意否认关于人口贩卖和性奴役的历史记录的行为。美国尤其有责任提醒它的盟友日本，人权和妇女权利是美国外交政策的支柱。如果我们不发出声音，就是在为日本的否认提供协助，而且还会给当今国际社会为了消除与性暴力有关的战争罪行所进行的努力带来负面影响。

三、联合国人权事务委员会对日本"慰安妇"问题表示关切

新华网日内瓦2014年7月16日电 联合国人权事务委员会15日至16日在日内瓦举行会议，审议日本有关落实《公

中、日、韩人士联合举行游行，抗议日本"慰安妇"制度罪行。

民权利和政治权利国际公约》规定的第六次定期报告。其间，"慰安妇"问题成为关注的焦点之一。

联合国人权事务委员会专家、南非人权问题专家马约迪纳在审议会上表示，日本提交的第六次定期报告没有详细解释日本在"慰安妇"问题上需要承担的法律责任，也没有提供信息，介绍采取了哪些法律和行政措施，以向"慰安妇"制度的受害者提供充分有效的赔偿。

马约迪纳说，日本政府的有争议性言论和举动损害了日本就"慰安妇"问题道歉的诚意。

她特别指出，日本政府2014年6月向国会提交了"河野谈话"的调查报告，质疑受害者所称被强制带走的说法，称这些说法无法得到证实，此举给受害者造成了痛苦。

1993年，时任日本内阁官房长官的河野洋平发表谈话，承认日军强征"慰安妇"，并对此表示道歉和反省。这一谈话也成为日本政府在"慰安妇"问题上的正式立场。

2010年12月7日，在东京举行的针对日本二战时期"慰安妇"罪行的纪念"东京女性国际战犯法庭"十周年听证会上，联合国人权事务高级官员帕德里西娅·比萨·塞拉斯（右一），联合国人权事务高级官员、女性人权亚洲中心代表印戴·萨侯勒（左一）和中国、韩国、朝鲜、菲律宾的"慰安妇"受害者，以及日本和国际组织的友好人士在一起。

第二章
关于"慰安妇"问题
——中国"慰安妇"问题研究中心主任苏智良访谈录

二战期间，日本推行的"慰安妇"制度，是20世纪人类的灾难和耻辱。这一制度是日本军国主义违反人道主义，违反两性伦理，违反战争常规的制度化了的政府犯罪行为。据各国学者研究、调查，在亚洲各国至少有40万妇女沦为"慰安妇"，惨遭日军蹂躏，而中国是最大的受害国。日军在中国今22个省区的广大范围内设立数以百计的慰安所，有20万妇女被摧残。

2000年12月8日，"东京女性国际战犯法庭"在日本东京开庭。本法庭是国际一些非政府组织和人权组织针对日本侵略战争对女性的性奴役、性摧残而设立发起的民间法庭。法庭的任务是在道义上完成战后远东军事法庭所未完成的使命，即对日本政府及其军队在二战时期实施的"慰安妇"这一性奴隶制度进行彻底的审判，敦促日本政府承认这一战争罪行，向受害者正式谢罪和赔偿。

中国"慰安妇"问题研究中心主任苏智良作为团长，率中国代表团28名成员参加东京审判，其中受害妇女原告有万爱花、袁竹林、杨明贞、何君子、郭喜翠、李秀梅6名。我作为代表团成员之一兼摄影师，参加了东京审判的全过程，从此关注反映日军二战期间性暴行的"慰安妇"问题，并参加了之后许多相关的调查采访。在结成本书的过程中，我又数次对苏智良教授进行访谈，现归纳如下：

苏智良在国内最早从事"慰安妇"问题的研究与调查，1999年3月，在上海师范大学倡导并成立了中国"慰安妇"问题研究中心，推动该方面的调查与研究。2007年7月5日，该研究中心在上海设立中国"慰安妇"资料馆。

所谓"慰安妇"，就是按日本政府或军队之命令，强迫为日本军队提供性服务、充当性奴隶的妇女，是日本军队专属的性奴隶。1996年受联合国委托进行"慰安妇"问题调查的法学家拉迪克·克马拉斯瓦密(Radhika Coomaraswamy)指出：根据国际法，"慰安妇"是日本在战争时期犯下的有组织强奸及奴隶制的罪行(Report of the Special Rapporteur on violence against women, its causes and consequences, Ms. Radhika Coomaraswamy, in accordance with Commission on Human Rights, Resolution 1996)。苏智良认定，"慰安妇"是指因日本政府或军队之命令，被强迫为日本军人提供性服务、充当性奴隶的妇女；"慰安妇"制度是二战时期日本政府强迫各国妇女充当日军士兵的性奴隶，并有计划地为日军配备性奴隶的制度，是日本法西斯违反人道主义、违反两性伦理、违反战争常规的制度化了的、无可辩驳的政府犯罪行为。"慰安妇"的历史也是世界妇女史上空前的、最为惨痛的被奴役记录。

一、关于日军实施"慰安妇"制度的历史

1. 第一阶段：1932年1月—1937年7月，日军慰安所在上海、东北等地出现。

明治维新以后，日本资本主义发展迅速，逐渐走上军国主义的扩张道路。1918年3月，为阻止苏俄军队的东进，英、法军队在摩尔曼斯克登陆，实行武装干涉，日本也乘机出兵，向中国的北满及与之毗邻的西伯利亚扩张。三年

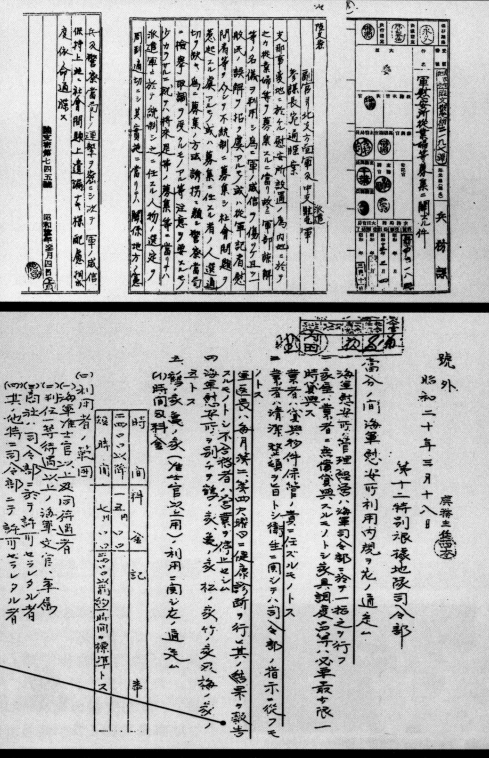

大量的日本军政文件、密电、指令等，以无可掩盖的历史事实，揭露了日本"慰安妇"制度和性暴力的罪行。

（录自东京女性战争与和平资料馆）

期间，先后共有11个师团的日军入侵中国东北和苏俄(井上清:《日本军国主义》第2册，尚永清译，商务印书馆1985年版，第230页)。在侵略苏俄的过程中，日本的娼业主们得到特许，带领妓女随军行动，向日军提供性服务。尽管如此，仍发生了大量的日军强奸事件，导致军队中性病流行。据统计，约有10%—20%的日军官兵患有性病，总数达12000人，因性病减员的人数远多于伤亡人数(矢野玲子著，大海译:《慰安妇问题研究》，辽宁古籍出版社1992年版，第32页)。这次性病大流行极大地震撼了野心勃勃、正在走向战争之路的日本军方。此后，日军高层便考虑在未来战争中，如何防止因性病而削减战斗力的对策问题。海军的《海军军医会会报》、陆军的《军医团杂志》频繁发表专门文章，开展对这一问题的研究。最后取得了一致的结论，即必须建立一种由军队控制的有卫生保障的性服务制度，以解决日益庞大且外派增多的军队性欲问题(《军医团杂志》第151、190、288号;《海军军医会会报》第30号等)。

自清末以来，上海是日本海军在海外的最大基地，日本海军陆战队司令部就设在上海虹口。为了满足士兵的性需要、给士兵提供安全的性服务，1932年1月，日本海军陆战队司令部在虹口选择了"大一沙龙"等4家日本人开设的风俗店作为海军的指定慰安所。我们对"大一沙龙"进行了长期的调查，查找到了大量人证物证，经过我们的努力，该慰安所旧址——上海东宝兴路125弄已经被上海市文物保管委员会实施保护。"大一沙龙"是目前资料中所见最早的日军慰安所记录。但是，随着事态的发展，日军

"慰安妇"制度开始向强迫非日本国女性的亚洲各国女性做性奴隶的方向发展。

1932年1月28日，日本发动的"一·二八"淞沪事变爆发。至3月，在沪日军已达3万多人。为防止因大规模的强奸事件导致的军纪败坏和性病泛滥，上海派遣军副参谋长冈村宁次决定仿照在沪日本海军的做法，从日本关西征调第一个陆军"慰安妇团"，并在吴淞、宝山、庙行和真如等战斗前线建起为日军官兵提供性服务的慰安所。该"慰安妇团"，是日本陆军第一次有组织地参与"慰安妇"制度建立的行动，它成为后来日本战时"慰安妇"制度的重要尝试和样本。

此后，上海日本人经营的和韩国人经营的慰安所一直延续着。日军占领中国东北以后，也在东北各地设立了慰安所。

2. 第二阶段：1937年7月—1941年12月，日军慰安所在中国占领地全面推广。

日军全面推行"慰安妇"制度的根本动力是侵略战争的全面展开，"南京大屠杀"是其全面推行这一制度的契机。1937年，日本先后制造"七七"卢沟桥事变和"八一三"淞沪事变，开始了全面侵华战争。12月13日，日军攻入南京，制造了人类历史上罕见的屠杀暴行，大量无辜妇女遭遇奸杀。在国际谴责和日益严重的性病面前，日军高层开始加紧"慰安妇"制度的实施。上海、南京等地的慰安所建设被迅速提上日程。

经确认，上海杨家宅慰安所是日军上海派遣军直接设立

上海江湾日军慰安所的入口处　（录自中国"慰安妇"问题研究中心）

位于汉口的皇军第六慰安所"樱楼"（村濑守保 摄）

的大型慰安所，"慰安妇"达百余人。上海的慰安所至少有159个。南京也是日军设立慰安所较多的城市。2004年，中国"慰安妇"问题研究中心邀请来自平壤的受害者朴永心到南京，确认了她当年的受害地——利济巷慰安所。日军在南京的慰安所至少有50个。

3. 第三阶段：1941年12月—1945年8月，日军慰安所在东南亚各地的推广及其覆灭。

随着战争的蔓延，慰安所也广泛地设置于中国各地。除未占领的今甘肃、陕西、西藏、新疆、宁夏、青海、四川、重庆等地以外，包括今黑龙江、吉林、辽宁、内蒙古、山西、河北、河南、北京、天津、山东、江苏、安徽、江西、上海、浙江、福建、湖南、广东、广西、海南、贵州、云南等省市，都发现了日军慰安所遗址。

1941年12月太平洋战争爆发后，日军占领区域扩大，慰安所的设置范围也从中国大陆战场扩大到了香港、台湾、新加坡、缅甸、泰国、印度尼西亚、菲律宾、马来西亚、越南、东印度群岛、太平洋东部诸岛、日本本土等地。

这一时期的日军"慰安妇"，除了从中国、朝鲜、日本强征来的性奴隶外，还包括东南亚当地的妇女，甚至在东南亚各地的西方妇女也难逃厄运。

在台湾，慰安所的设置北以艋舺、西门町、北投为主要集中区，南则多在台南新町。当时，台南的小梅园慰安所，是日军神风特攻队出发前必去寻欢的场所；嘉义朴子东亚楼也是指定的日军慰安所。1944年战事吃紧后，台湾各地都设有日军特别队，慰安所也遍地皆是。从文献和资料来看，

日军在台招募"慰安妇"的方式主要通过掮客等，以"担任护士""从事食堂工作"等名义诱骗或迫使受害妇女充当日军性奴隶。据台湾研究人员初步估计，台湾"慰安妇"受害人数可能在1200位以上。

二、日军慰安所的类型

就其所属关系、性质和经营方式而言，日军慰安所大致可分为四种类型。

第一种是军队直接设立的固定的慰安所。如1938年初在上海设立的"杨家宅娱乐所"，就是日本华中方面派遣军东兵站司令部设立的。汉口日租界的滨江大道旁有海军直属的慰安所；广州、济南、桂林等地都有日军主营的慰安所。从现有资料看，军队设立的慰安所是最普遍的形式之一，其主管者从方面军、师团、旅团到联队、大队甚至警备队或小队。当军队转移时，他们便带着"慰安妇"共同行动。

第二种是形式为日侨民营的慰安所。这种由日本侨民在军方支持下开设的"军督民办"的慰安所，数量也不少。自"九一八"事变后，日本的一些妓院主带领妓女来到中国东北，在关东军周围设立大量的"料亭"（供将校使用）和"游廓"（供士兵使用），形成驻地的"花柳街"。随着战争的扩大，这种"花柳街"推广到中国和亚洲各地。这些慰安所老板往往通过贿赂军官而得到特权，牟取暴利。而军方也由于在战争中无法兼顾所有战地慰安所的建立，加之有向外界掩盖军方直接建立慰安系统的必要，故倡导日侨经营慰安所。如上海江湾的一些慰安所，以及武汉东山里、积庆

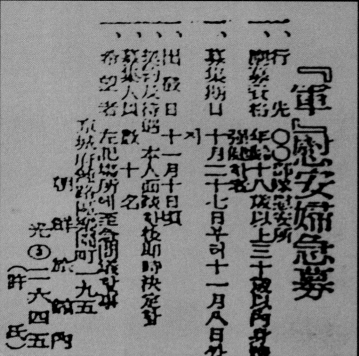

日军慰安所的规定（云南龙陵董家沟日军慰安所展览馆供片）

日军《每日新报》募集"慰安妇"的广告（云南龙陵董家沟日军慰安所展览馆供片）

日军"慰安券"（朱弘提供）

1938年，日军上海慰安所的情形（云南龙陵董家沟日军慰安所展览馆供片）

用于检查"慰安妇"性病的木制台

（云南龙陵董家沟日军慰安所展览馆供片）

里的12家慰安所、斗级营的20家慰安所等，都是日侨经营的（韩国挺身队对策协议会、挺身队研究会：《中国に连行された朝鲜人慰安妇》，三一书房1996年版）。上海最大的海军慰安所"海乃家"便是由东部海军特别陆战队与日侨坂下熊藏于1939年签约，海军提供房屋、开办费以及所需物资而设立的，其所有权归海军，坂下只有经营权（韩国挺身队对策协议会、挺身队研究会：《中国に连行された朝鲜人慰安妇》，三一书房1996年版）。

第三种是由日军指定使用的民间妓院形态的慰安所。这类慰安所多是汉奸、韩奸受日军指令在当地建立的，有的除日军外，一般的日本人也可以利用。上海的"大一沙龙"（它是世界上最早的慰安所之一，其址今为东宝兴路125弄），即使在战争时期，也对日侨开放。北平宣武门内六部口的人民俱乐部、芜湖的凤宜楼慰安所等也是如此（汪业亚：《凤宜楼"慰安所"始末》，《芜湖文史资料》第3辑）。

第四种是军队或民间经营的流动式慰安所，有设在火车、卡车和轮船上等多种。日军第11兵站司令部在1938年春组织一批"慰安妇"从上海乘火车前往杭州，这列火车便成了沿途士兵的流动慰安所。慰安所的管理者通常用卡车将"慰安妇"运至部队驻扎地，然后用木桩和毛毯围起来，或者用木板临时搭成棚子，作临时慰安所。有的慰安所兼有固定与流动两种性能。如海口市、三亚市的日军慰安所，除了接待当地日军外，还要每月分批到较远的兵营、据点巡回"慰安"。

三、关于中国"慰安妇"的人数研究

日本政府和军部为其侵略军队有计划、按比例地配备"慰安妇"。由于战败时日军大量销毁有关"慰安妇"的档案，也由于日本政府至今未公开"慰安妇"的历史文件，要准确指出日军与"慰安妇"的比例是较为困难的。尽管如此，我们仍可以通过对各种资料的分析而接近历史的真实。例如根据关东军的作战计划，1941年，它准备动员70多万人的军队和2万人的"慰安妇"，其比例为37.5：1。

但是，这个比例并没有得到军队的认同。目前日本学者普遍认同当时军队里流行的"29：1"之说，也就是军队认为37、38名士兵配给一个"慰安妇"太少，根据生理限度，一个"慰安妇"大约对29名军人，才能大致使军队得到性满足而不致引起内部的混乱。据29：1的比例，日本学者在加上"慰安妇"因逃亡或死亡而需补充的更替率（他们认为更替率大约在1：1.5或1：2.0之间），算出的"慰安妇"总人数大约为：

300万（日军）÷29×2=20.6897万人

即二战期间的"慰安妇"人数为20万左右。这个研究结果是在1992年前后由日本学者得出的。但是，在那时，中国大陆的"慰安妇"问题还未引起学界的充分重视，几乎没有展开正式的有规模的调查。因此，这个数字主要是根据日本国内、韩国的研究以及对东南亚的部分调查而得出的。自90年代中期中国大陆开展"慰安妇"的调查和研究之后，发现了至少以下数点以前未被注意的问题。第一，日军实施"慰安妇"制度的严密性和配备"慰安妇"的完备性远远超

"突击一番"是二战时期侵华日军给士兵配发的专用安全套。他们把男用安全套和预防性病的药膏作为日军士兵的一种装备，专门配发给每个日军士兵。

"星秘膏"是当年侵华日军配发给士兵的预防性病的药膏。正面有"陆军卫生材料厂"和"陆军需品厂"生产的字样，背面还写有药膏的具体使用方法。（云南龙陵董家沟日军慰安所展览馆供片）

2001年12月5日，旅日学者朱弘在"东京女性国际战犯法庭"十周年听证会上，出示"突击一番"安全套实物。

出人们的估计，不但日军主力部队，而且警备队、小分队以及前线的碉堡、据点都普遍设立了此类设施，这表明受日军性暴力侵害妇女远比此前研究的范围大。第二，前次作出的20万人数字估计，是以日本、东南亚，特别是朝鲜女子为主体的，中国妇女的数量只是象征性的，而近十三年来中国大陆调查到的慰安所遗址、历史目击证人及"慰安妇"制度幸存者证言中，均证实有大量慰安所强拉当地女子的事实，包括中国的少数民族妇女。由于中国大陆是二战时期日军最大的主战场，因此，未将中国的受害妇女计算在内，这20万数字显然是大大偏少了。第三，关于更替率。从这些年来受害者的证言和各地编撰的地方志资料中可知，在战争中，特别是战争的前期和后期，日军对中国军民，尤其是平民的杀戮，是变本加厉的。《安庆文史资料》中有一例记载，1938年6月，日军在安徽桐城抓捕大量女子设立慰安所，结果被日军官兵"亵侮、奸淫、杀害"，1938年出版的《敌寇暴行录》记录了一位中国牧师陆某误入设在上海虹口的日军"行乐所"，救出了他的邻居——一位新婚女子，据这位女子言，楼分3层，以年龄区分关押，不得穿衣服，日夜遭受蹂躏，每天有人死去，每天又有新的补充，关押有数百人之众。而这些女子，最后都下落不明。而《侵华日军暴行总录》一书记载，1941年夏，海南博鳌慰安所的50多名中国妇女被日军于塔洋桥边全部杀死，原因是不肯好好接待日军。1944年5月，在湖南株洲一慰安所中的10名中国"慰安妇"中，有8名丧生。这些零碎的记载，只是沧海之一粟。由于中日是交战国，中国"慰安妇"的死亡率比

起日本、东南亚、朝鲜的受害者要高得多，这是符合历史事实的。在这样高的死亡率下，"慰安妇"受害者的证言中，一直到1945年为止，日军仍然保持了军队中慰安所设置有增无减的势头。因此，如果将更替率定在1∶1.5和2.0之间，可能是偏低了。因此，上海师范大学中国"慰安妇"研究中心提出更替率应在1∶3.5到1∶4.0之间，计算得出的结果是：

300万（日军）÷29×3.5=36万人

300万（日军）÷29×4.0=41万人

即整个的二战期间，在日军强迫下沦为性暴力制度受害者的人数应在36万至41万之间，其中约有半数即20万左右为中国妇女。尽管这个数字只是在近十三年来研究和实地调查结果的基础上的一种推论，但它可以大致反映我国妇女在二战时期受日军荼毒之深重的基本概况。

中国"慰安妇"的年龄跨度很大，年长者40岁，甚至50岁，年轻的20来岁，甚至有不少还是十三四岁的少女。如日军在海南保亭县设立"快乐房"，强召当地黎族少女充当性奴隶，年龄最大的20岁，最小的只有16岁。

四、关于日军强迫中国妇女充当性奴隶的途径

早在抗日战争爆发以后，日军高层便号召部队"抢粮于敌"，在这一口号下，日军需要的各种物资及补给品均抢自中国战场，其中当然也包括性奴隶——"慰安妇"。随着战争的扩大和升级、侵华日军人数的增加，日军更加残暴地抢

远征军在腾冲战役中俘获的18名"慰安妇"（2000年"东京女性国际战犯法庭"资料）

在仰光慰安所的日本人老板与"慰安妇"合影（2000年"东京女性国际战犯法庭"资料）

跟随军用卡车穿梭于战场上的朝鲜"慰安妇"（村濑守保 摄）

夺中国女子充当"慰安妇"。在中国占领地和战场上，日军主要通过以下途径来强迫中国妇女充当"慰安妇"。

第一，使用暴力强行掳掠当地妇女。日军在战场或占领城乡时，公开抢夺中国妇女，这种做法对于暴虐的日军来说，是最为便利的，既不需要支付任何费用，也省去了许多麻烦的手续，所以这种抢夺曾遍及各地。1937年11月，日军占领上海后，便在城乡各处抢夺中国年轻女子，他们当众"剥掉衣裳，在肩上刺了号码，一面让我们的女同胞羞耻，不能逃跑，一面又满足他们的兽欲"（宋美龄：《抗战建国与妇女问题》，重庆《中央日报》，1939年1月15日）。日军占领芜湖后，首先要做的就是抢劫妇女，甚至到尼姑庵中劫掠年轻美貌的尼姑充当"慰安妇"，后来又在对周边地区扫荡时抢夺了不少民女投入慰安所。云南的龙陵、腾冲等地，几乎所有的被查证的受害幸存者，均是被日军在光天化日之下抢夺去的。日军占领海南岛后，即派部队到村寨去强捕少女，供其开设慰安所，或者在强征的劳工中，挑选美貌的汉族、黎族女子投入"快乐房"慰安所。1940年日军一部侵入山西方山县扫荡，在设立据点后，立即要求伪政权征召"花姑娘"。于是，伪政权将"花姑娘"的人数摊派到各村，日伪宣称有姑娘的交姑娘，没姑娘的交大洋，最后，不仅慰安所建成，还发了一大笔财。

第二，设下各种圈套，引诱妇女坠入陷阱。常见的是以招聘女招待、洗衣妇等名义进行诱骗。占领上海后，日军的特务部门便在市中心的"租界"里诓骗妇女："他们放出野鸡汽车，候在娱乐场所前面，等顾客上车后，汽车飞也似地

驰着，到了僻静地方，将男子抛下或干了，女客便从此无影无踪。"一时，"孤岛"内失踪女子无数，人人自危。接着，日军又在大街小巷张贴招工启事。19岁的中学毕业生阿珠，父亲所在的工厂倒闭，家庭生活陷入困境，这时，她在报纸上看到广告："某公司为扩充业务起见，拟添聘女职员数位，凡年龄在16岁以上、25岁以下，略识文字者，均可应聘，尚能粗通国语或日语者更佳，月薪50元，有意者请至某处面洽。"征得父母同意后，阿珠便去应聘了，主考者一见阿珠当即签约。岂料原来这里是个诱骗"慰安妇"的机关，从此，阿珠陷入魔窟。日军占领桂林后，也以设立工厂为名，招募女工，然后强迫她们充当军队性奴隶。日军占领广州、香港后，以招募赴海南的护士、医务人员为名，骗招300多名青年女子，其中相当一部分是学生，小的仅17岁，大的也仅20岁，她们被押至海南昌江县石碌慰安所，从此掉入人间深渊。在海南岛，日军经常组织"战地后勤服务队"，他们唆使汉奸张贴广告，鼓吹说服务队的任务是给日军官兵洗衣服，照顾伤员和打扫营房卫生，诱骗妇女参加。甚至还派人到上海、广州、香港等地招聘游说："海南岛开办大医院，招聘大批姑娘学习当护士和护理，薪水高，到那里去做工有吃有穿，还有大钱寄回家。"于是有不少受骗女子前来应募，这些人到海南后，被统统押进慰安所，陷入暗无天日的人间魔窟。

第三，日军占领一地，形势稍稍稳定后，便依靠汉奸组织协助，挑选妇女充当"慰安妇"。其中的一个手法便是借口登记"良民证"，挨家挨户地挑选年轻貌美的女性。在南

朝鲜少女郑水英被日军诱骗并沦为日军性奴隶，她的名字变成了"玉子"。
（云南龙陵董家沟日军慰安所展览馆藏片）

战争前线的朝鲜"慰安妇"
（云南龙陵董家沟日军慰安所展览馆藏片）

正在整理衣服的"慰安妇"
（2000年"东京女性国际战犯法庭"资料）

从日军士兵身上搜出的"慰安妇"照片
（2000年"东京女性国际战犯法庭"资料）

京陷落时，日军除了经常到国际安全区强奸妇女外，也利用发放"良民证"之际，从中拉来数千名中国妇女，这些妇女没有一人逃过被强奸或虐杀的厄运；其中的一些人还被运往东北，充当关东军的性奴隶，从此无人知晓她们的生死命运。1939年在日军的指使下，山西文水县的伪政权曾张贴布告，明令征用妇女，其全文如下：

文水县公署训令，差字第一号令：南贤村长副，为训令事。查城内贺家巷妓院，原为维持全县良民而设，自成立以来，城乡善良之家，全体安全。惟查该院现有妓女，除有病者外，仅留四名，实不敷应付。顷奉皇军谕令，三日内务必增加人数。事非得已，兹规定除由城关选送外，凡三百户以上村庄，每村选送妓女一名，以年在二十岁左右确无病症、颇有姿色者为标准，务于最短期内送县，以凭验收。所有待遇，每名每月由维持会供给白面五十斤，小米五升，煤油二斤，墨一百余斤，并一人一次给洋一元，此外游客赠予，均归妓女独享，并无限制，事关紧要。

文中的"贺家巷妓院"是专为日军设立的军队慰安所，所以称"维持全县良民而设"。由于不堪凌辱折磨，或死或逃，只剩下4名女子，于是要城镇、村庄选送"妓女"，然而村庄哪来的"妓女"？实际上就只能送良家女子了，但日伪还有条件：一是年龄20岁左右；二是"确无病症"，否则会将性病传染给日军；三是还要"颇有姿色"。最后还以物质条件来诱惑农民，说"游客赠予，均归妓女独享，并无限制"。这也说明，贺家巷内的军事性奴隶制度受害者是没有收入、非商业性服务的。

第四，将中国女俘虏强逼为性奴隶。在中国战场上，日军极少设立女战俘收容所，部分女俘虏在审讯后即被杀死，其余的大部分便被日军运到华北、华中属于偏僻的、荒凉的地区和前线去充当"慰安妇"，以防止她们逃跑或与八路军等中国抗日部队取得联系。中共领导的海南琼崖纵队第4支队的炊事员周某某，因下村筹粮被日军俘虏后，即被投入慰安所。这些女俘虏沦为"慰安妇"遭日军侮辱，真是生不如死，有的便千方百计寻找报仇的机会，慰安所里曾发生中国女战俘刺杀压在她们身上的士兵或者割下敌人的生殖器的事件。因此，日军官兵对充当"慰安妇"的中国女战俘比较警惕。当这些女俘虏作为性工具没有利用价值时，通常被拖到空地上，作为日军新兵练习胆量用的活人靶子。她们的命运是极为悲惨的，日军第14师团士兵田口新吉回忆道：

日军在作战中，一抓到这些人（指八路军游击队的女战士）立即送到后方的大队本部去。在大队本部里，如果她们受了伤，就由医务室先给她们治伤，如果没有受伤，则由担任情报工作的军官对她们进行审讯，这是通例。但是，这些中国女性就在不知不觉中消失了。虽然士兵们有时也偷偷传说：这些当官的家伙又干好事了，但谁也不会去追查这些中国女人的去向。

当时，日本军队中从来就没有建立过女俘虏收容所，那么这些女人被弄到哪里去了呢？我听到的一种说法是把她们弄去当"慰安妇"了。但是，那些有特务嫌疑的女人以及在八路军中受过教育的女兵，是不可能让她们进入一般的慰安所的。因为如果让她们进了慰安所，她们随时都会逃跑。二

日军士兵寻欢作乐拍下的"慰安妇"裸体照片（熊维元收藏）

是她们可以与八路军的工作人员取得联系，这是很危险的，因此，决不会把她们送到那种地方去。

那么，她们被送到哪里去了呢？都送到华北、华中一带最前线地区的两三个分遣队据点里去了。那都是些日本或朝鲜"慰安妇"无法到达的情况恶劣的地区。这些据点四周都建有围墙，盖有炮楼，每个炮楼由一个小队左右士兵进行守备。那些俘虏来的妇女就是被送进这些据点里去的。

第五，征用妓女。在大城市，日军机关常常征用现有的妓女来充实其"慰安妇"的队伍。上海、南京、武汉、广州和天津等地，都有不少妓女被迫加入"慰安妇"的行列。这里有必要指出的是，这些妓女也不是甘愿去做"慰安妇"的，她们往往被日军或汉奸政权强征，被迫充当日军的性奴隶，有些没有报酬，有些所得少得可怜。

被强逼为"慰安妇"的中国妇女中有不少是少数民族的妇女，其中有台湾高山族、东北满族、云南傣族、海南苗族和黎族、广西壮族等。吉林延边地区的朝鲜族是最早被征用的少数民族。"九一八"事变后不久，关东军便在东北地区强掠朝鲜族年轻女子充当性奴隶。

五、关于"慰安妇"受害者遭受的苦难

"慰安妇"的年龄大多为18至20岁左右。1943年1月和4月，日陆军医官对在江苏淮阴的12名"慰安妇"进行了体检，其中年龄最大的喜代子32岁，年龄最小的是同为19岁的君子、新子、百合子和荣子，这12名"慰安妇"的平均年龄是23岁（吉见义明编：《从军慰安妇资料集》，第

278页）。许多朝鲜原"慰安妇"证实，她们当初被强掳时年仅14至18岁。但是，日军在占领中国时，还曾掳掠更年轻的少女充当"慰安妇"，如海南的一些中国"慰安妇"只有十二三岁，在南京被掳掠走的最小的女子只有9岁，而年老的则达50来岁，乃至60岁（中央档案馆等编：《南京大屠杀》，第160页）。在一些慰安所的中国"慰安妇"里，还出现了"母女慰安妇""姐妹慰安妇""姑嫂慰安妇"以及"妻子慰安妇"等罪孽现象。

关于"慰安妇"们每天被强迫"慰安"的次数，因各个慰安所的不同和时期的不同而有区别。一般"慰安妇"每天接待日军10多人，每天接待30至50个日军士兵也是很平常的。朝鲜"慰安妇"金德镇回忆那痛苦的往事说："我得了病，像似膀胱炎那样，流血，解不出小便来，去医院诊治。其他的女人中，有很多都是性器官肿得十分厉害，连针眼大的缝隙都没有，还出血……我没有染上性病，但由于年轻时子宫过于损伤，落得个子宫倾斜症。"另一位原朝鲜"慰安妇"李英淑作证说："我应酬很多士兵，性器官很多次肿得不像样子，只得去医院，下腹疼得像要炸裂一样……我几次性器官发炎，一年入院三四次。"（矢野玲子著，大海译：《慰安妇问题研究》，辽宁古籍出版社1992年版，第198页）

繁忙的时候，每间"慰安妇"的屋前均排起了数十人的长队。在特殊情况下，"慰安妇"一天"慰安"日军士兵的次数是相当多的，它甚至超出一般人的想象。一天之间被迫接待60至70名士兵的记录并不鲜见，庆子曾回忆，她们

在缅甸的美军俘虏收容所里接受审问的朝鲜"慰安妇"(美国国立公文书馆藏片)

在松山战场俘获的日军"慰安妇"（美国国立公文书馆藏片）

在广东繁忙时，每天接待80多名官兵。还有的一天之内竟接待了100个士兵。一位从腊包尔侥幸回来的朝鲜籍"慰安妇"控诉，第一批朝鲜人到达那儿时，日军已禁欲了近一个月，慰安所前立即排起了几条长龙，"慰安妇"们每天要与90多名士兵发生性关系，她们没有时间吃饭，于是，管理部的士兵就做好米饭团送来，"慰安妇"们身上还压着士兵，嘴里啃着饭团；由于没有上厕所的机会，有时小便失禁，下腹到处是士兵的精液和自己的尿水（矢野玲子著，大海译：《慰安妇问题研究》，辽宁古籍出版社1992年版，第198页）。

从日本老兵的回忆来看，一个"慰安妇"一天接待的日军士兵的数量也是相当多的，负责慰安所管理的少尉大山正五郎回忆道："一个女人穿着一件衬裙，头上扎着围条，以勇敢的姿态横躺着。一点感情的酝酿也没有……只是进去出来而已。士兵们闻到女人特有的气味，触摸着她们的肌肤，这就够了。士兵们进去出来，女人们跳起来飞奔向厕所，如此反复循环而已。"有一个"慰安妇"在3个小时之内竟接待了76名士兵（金一勉：《天皇の军队と朝鲜人慰安妇》，第109—110页）。老兵曾根一夫回忆说："在条件恶劣的最前线守备地，（一个"慰安妇"）有时一天要应付七八十人，甚至100人。一天要应付100个男人，假定24小时不眠不休地工作，每小时约要应付4人，换句话说，每15分钟要处理一人。若扣除最低限度的睡眠和吃饭时间，则每小时约需处理七八人。"（曾根一夫：《一个侵华日本兵的自述》，载《悲愤·血泪——南京大屠杀亲历记》，第

149页）"慰安妇"之间流传着一首歌，歌的名字叫《我的肉体并非橡皮做的》，以表示对非人待遇的不满（曾根一夫：《一个侵华日本兵的自述》，载《悲愤·血泪——南京大屠杀亲历记》，第149页）。

"慰安妇"们长期处于非人的、奴隶般的生活之下，身心受到极大的摧残。由于生活条件十分恶劣，而遭受的又是非人的折磨和摧残，大多数"慰安妇"几周之后便产生不感症。如果"慰安"活动不停止，继之而来的就是生理异常。刚开始充当"慰安妇"时，月经来了也不能停止，慰安所管理者会让"慰安妇"不停地喝盐水以止经血；或者命令"慰安妇"们将卫生纸卷起来，往身体深部塞，然后再去接待士兵。这样过了半年就发生持续性的月经不调，接着就进入停经阶段，有些20来岁的"慰安妇"竟然一连几个月没有月经，甚至数年没有月经（千田夏光：《从军慰安妇·庆子》，第239页）。停经后鼻子下面会生汗毛，并变得粗黑起来，日军士兵有时会问："你是男的吗？"时间长了生理发生急剧变化，便不会生育了。另一方面，怀孕的恐惧也一直跟随着"慰安妇"们。日军士兵看到对象是中国或朝鲜的"慰安妇"，就会恶作剧地不使用避孕套，或者将避孕套弄破，故意使对方怀孕。于是，在各地的慰安所里，相继诞生了许多无辜的婴孩。这些孩子的命运一般都很凄惨。一些中国"慰安妇"所生的立即被日军杀死，朝鲜"慰安妇"所生的只能送给中国农民，日本"慰安妇"的孩子幸运地被送回日本，而大部分也不知下落。

长期的摧残使"慰安妇"们出现便秘、阴部膨胀、乳

慰安所前等待进入的日本士兵们 （村濑守保 摄）

房剧痛、胸部疾患、性病、疟疾等"职业病"。一旦她们动作迟缓或表露厌倦，便会遭到辱骂和殴打。一名朝鲜原"慰安妇"回忆道："那时我才19岁，还不知道男女之事，不知道怎样干才好。第一天，一下子就接待了20个士兵，到第五个人时，我以为自己也许快要死了。那个地方又红又肿，像桃子一样大。一边哭，一边用毛巾冷敷了一个晚上。"（金一勉：《天皇の军队と朝鲜人慰安妇》，第113页）由于长期的"慰安妇"生涯，她们的阴部经常裂口出血，并肿胀变形，虽然也涂药治疗，但没有治愈的时间。最后导致阴部麻痹，"即使被虫子或老鼠咬了都没有感觉"（金一勉：《天皇の军队と朝鲜人慰安妇》，第158页）。

据千田夏光的研究，"慰安妇"中，因为长时期的睡眠不足，卫生条件差以及营养不良，至少有10%的"慰安妇"患有肺结核（千田夏光：《从军慰安妇·庆子》，第115页）。在那个年代，"慰安妇"得了这种病，等于是判了死刑。日军对中国、朝鲜的肺结核病人，不给任何药品，她们只是到处可以掳掠到的"慰安妇"而已，药品比她们的生命更贵重。重病的结果，她们就像自生自灭的野狗一样，等待死亡。为了活下去，患者自己想方设法弄些大蒜汁来对付，但这最多只是延长了些许生命，最后仍逃脱不了死亡的命运。临死时，这些"慰安妇"从包裹里翻出好衣服，央求其他"慰安妇"帮助穿上，然后就无声无息地死去了（千田夏光：《从军慰安妇·庆子》，第116页）。日军对待中国"慰安妇"中的性病患者，轻者治愈后继续留用，重者治

疗无效即处死灭尸。那大赵家园慰安所开张一月内，就将3名患有性病的"慰安妇"活埋（符和积主编：《侵琼日军慰安妇实录》，载《抗日战争研究》1996年第4期）。

山西太原老人万爱花（1929年生），是1992年向日本提出赔偿要求的7名原"慰安妇"幸存者之一。1992年，她在日本华侨的安排下，到日本各地演讲，一遍又一遍地控诉当年悲惨的遭遇，尤其是日军对她野蛮的蹂躏和残酷的迫害，除了使她丧失生育能力、各种妇科病缠身外，她的形体也因此而扭曲变形，一只胳膊丧失功能，一只耳朵的耳垂也缺损了一块。日军在强奸事后又动手毒打她时，由于手上的戒指钩住了耳环，对方用力一扯，就将她的耳垂扯掉了。

日军官兵对中国"慰安妇"不当人看待，视其为性的奴隶、泄欲工具，恣意践踏、百般摧残。海南赵家园慰安所的日本老板娘每逢突击接客日，便要求"慰安妇"们整日赤身裸体地躺在铺板或"慰安椅"上，任由日本兵接连不断地发泄兽欲。这种"慰安椅"形制特别，"慰安妇"仰躺在椅子上，臀高头低手脚失去活动自由，只能任由日本兵变换花招地站着宣淫。"慰安妇"稍有不满或反抗，便立即遭到严厉处罚。如海南的"慰安妇"阿燕因不堪忍受日军的轮番奸淫，挣扎反抗，立即被日本军官用刀扎穿大腿，阿燕昏死过去后，日军照样继续蹂躏。一次，日军强迫那大的妹仔妖英变化花样接待，被妖英拒绝后，竟将妖英绑在砖柱上，用辣椒和盐往其阴部抹搓，使其痛不欲生。至于拳打脚踢，更是中国"慰安妇"经常遭到的"待遇"。

1938年1月，日军在南京开设的慰安所。所外的日军士兵正兴趣浓厚地往里观看。（中国"慰安妇"问题研究中心提供

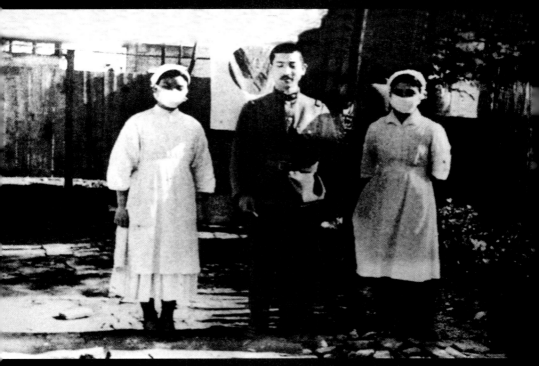

海一个慰安所的日本军医和护士，他们的使命就是对"慰安妇"进行体检。（云南龙陵董家沟日军慰安所展览馆供片

由于日军灭绝人性的残暴行为，"慰安妇"的实际"使用寿命"很短。山西盂县的李秀梅在1940年农历七月十四日，被日军抓入炮楼充当"慰安妇"，那年她正值15岁的青春年华，但经过日军5个月的摧残，右腕残疾，右眼失明，下身经常流血，若不是其父兄花了巨款赎出，早已被迫害致死。事实上，"慰安妇"中的相当多数人，不是遭到日本兵的虐杀，就是死于疾病和贫困，还有些因经受不住这无期的苦难而自寻短见。在石碌慰安所里，一名女大学生不甘凌辱，被日军吊打至死；新婚不足一周的香港矿工梁信妻子黄玉霞被押入慰安所，梁信历经千辛万苦终于找到妻子，但还没团聚，就被日本管事打死，黄也含恨上吊。该慰安所的两名"慰安妇"被折磨得精疲力尽后，不能继续服务了，便被脱光衣服，吊在大树上活活毒打致死（符和积主编：《侵琼日军慰安妇实录》，第728页）。1941年夏的一天，乐会县博鳌慰安所里不愿接待日军的50名中国年轻女子，全部被日军拉到塔洋桥边杀害（符和积主编：《侵琼日军慰安妇实录》，第149页）。

中国"慰安妇"们对日军的暴行曾进行过各种形式的反抗。逃亡是最常见的手段。但是，她们的身边几乎日夜都有强壮的日本男人看管，很难找到机会逃出火坑。不少人在逃亡途中被日军杀死。一些刚烈的女子曾杀死过压在她们身上的日军士兵，或者割下其生殖器。当然她们也无一例外地因

此而献出了宝贵的生命。最绝望的反抗是自杀，几乎在任何一个慰安所里，都发生过中国"慰安妇"的自杀事件。崖县的一名黎族少女，不堪忍受多名日军士兵的同时恣意淫辱，咬断舌根自杀身亡。朝鲜"慰安妇"宋神道作证说，她曾亲眼见过一位不甘忍受折磨的"慰安妇"，躲在厕所里，喝了大量用以冲洗自己下身的消毒清洁剂，结束了自己年轻的生命（矢野玲子：《慰安妇问题研究》，第201页）。

在20多万名中国"慰安妇"中，能够熬到日军投降而幸存下来的，已为数不多。如海南石碌慰安所的300多名"慰安妇"中，经过四年的摧残共有200多人死亡。至1945年9月日军投降时，活下来的仅有10多人（符和积主编：《侵琼日军慰安妇实录》，第750页）。黄流日军机场慰安所原有广州籍女子21人，最后仅剩下黄惠蓉等4人（符和积主编：《侵琼日军慰安妇实录》，第647页）。感恩县新街市慰安所的40多名中国少女里，最后只活了10来人（戴运泽：《我所知道的日军黄流机场的"慰安所"》，载东方县政协文史资料委员会编：《东方文史》，第9辑，第44页）。即使是幸存下来的妇女们，因遭受长期残酷的摧残，绝大多数人丧失了生育能力，晚年陷入了孤独潦倒的凄凉境地。精神上，她们承受着世俗偏见，在传统伦理道德观的压力下煎熬，她们"带着难以名状的羞愧心情苟活至今"（符和积主编：《侵琼日军慰安妇实录》，第467页）。

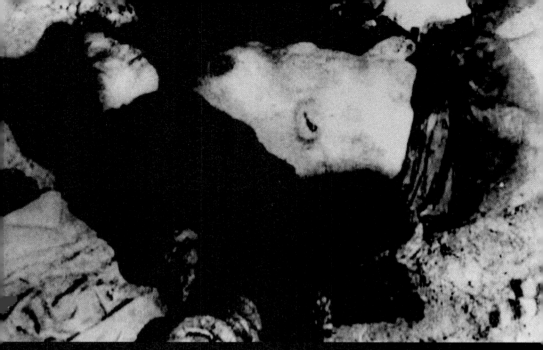

被日军杀害的"性暴力受害者"（2000年"东京女性国际战犯法庭"资料）

三位中国士兵舍命掩葬死难"慰安妇"的尸体（2000年"东京女性国际战犯法庭"资料）

第三章
二战时期日本"慰安妇"制度下的性暴行

第一节　日军在侵华战争中的性暴力

一、"慰安妇"制度的发源地

上海

上海是日军罪恶的"慰安妇"制度的发源地，这里建有世界上第一个日军慰安所——大一沙龙。

"大一沙龙"最早称"大一"，是上海日侨开设较早的日本式"贷座数"。所谓的"贷座数"，是一种日本式的风俗营业店，除了向客人提供餐饮外，也提供女子供客人玩乐。

清末的虹口，是广东籍人士的集居之地。东宝兴路125弄1号的房屋建于20世纪20年代初，其主人为广东移民，这里是潮汕帮商人聚会的一个场所。"九一八"事变之前，虹口的局势已逐渐紧张，日本海军陆战队耀武扬威，浪人们依仗着日军对中国居民的挑衅事件不断发生，态度嚣张。于是，住在此地的广东商人们纷纷离去，日侨近藤夫妇趁机占

世界上第一个日军慰安所：上海"大一沙龙"

"海乃家"慰安所是日本海军在上海最大的慰安所。这是慰安所经营者夫妇与"慰安妇"的合影。（2000年"东京女性国际战犯法庭"资料）

据了东宝兴路125弄1号，在日本海军的支持下，继续经营"大一"，并改称为"大一沙龙"。

1931年11月，"大一沙龙"成为了日本海军陆战队司令部批准的第一批慰安所之一。1931年底，在上海的日本海军陆战队员通常有4000人左右，"大一沙龙"作为"海军指定慰安所"而得到了扩张，这一情况也得到了日本外务省的一则档案的证实，日本设在上海的慰安所在1932年初就有记录。到1932年，随着"一·二八事变"的爆发，日本不断增兵上海，于是在上海开业的日军慰安所增加到了17家。这些慰安所以日本海军官兵为客人。是年底，在这17家慰安所中，有艺妓275人，"慰安妇"163人。

包括"大一沙龙"在内的专门接待日本海军官兵的这些

上海江湾日军慰安所（云南龙陵董家沟日军慰安所展览馆供片）

慰安所，在30年代中期已实施严格的检查制度，由日本驻沪总领事馆会同海军陆战队对慰安所中的妇女进行身体检查，每周两次，患有性病者不准接待客人。

根据《日人在华人名录》三十三版（1942年）第271页记载，大一沙龙的老板是来自东京的近藤美津子，东宝兴路125弄1号的电话为46940或02—62801。

作为世界上第一个日军慰安所的上海大一沙龙，东宝兴路125、123弄已经被上海市文物保管委员会实施保护。"大一沙龙"是目前资料中最早的"慰安所"记录，并得到了国际学术界的基本认可，专家呼吁将其旧址保存并建立中国"慰安妇"纪念馆。

二、日军侵略华北的重点目标

山西

1. 概述

抗日战争时期，山西是华北敌后抗战的战略支点，具有特殊重要的战略地位。抗战一开始，日军把山西作为侵夺华北、吞灭全中国的重要战略目标，集中兵力会攻山西，屠杀焚烧，奸淫抢掠，犯下了数不尽的滔天罪行。

1937年秋，日军攻入山西，第20、108、109师团驻扎在此。

1938年1月，日军独立混战第四旅团第14大队占领了盂县县城。至1939年春，在盂县县城、东会里、进圭村、河东村、西烟、上社等村镇都设立了日军的据点，修筑了炮楼，每个据点由一个小队或中队的日本兵守备。据点附近的一些民房（窑洞）被日军抢占后设立了"慰安所"，盂县很多妇女沦为日军的性奴隶。家住西潘乡羊泉村的刘面换，当时年仅16岁，一队持枪的日军闯入村庄，她和另外两名女子被抓到进圭村据点，沦为性奴隶。郭喜翠两次被日军抓去充当性奴隶，李喜梅被日军糟蹋得奄奄一息，而侯巧莲被抓去做性奴隶时年仅13岁。据近年调查，能够勇于公开自己这段不幸历史的性暴力受害者有20多人，如万爱花、李秀梅、张五召、刘面换、郭喜翠、张仙兔、李喜梅、赵润梅、高银娥、赵存妮等。

山西作为日军性暴行的重灾区，当地受害妇女无以计数。但由于传统观念的束缚，许多受害者仍长期不愿开口指证，更多的人不愿再去回忆那段非人的日子。目前敢于站出来指控日本政府性暴力罪行的受害者还仅仅是极少一部分，大多数受害者则已含恨故去。20世纪90年代，盂县的十多位受害妇女勇敢地站出来，毅然走向日本法庭，状告日本政府。她们也是中国最早站出来向日本政府讨还公道的受害妇女群体。

日本军人在山西的慰安所（日本中国归还者联络会汤浅谦提供）

日本军人在山西的慰安所（日本中国归还者联络会汤浅谦提供）

山西省的日军性暴力受害者（录自东京女性战争与和平资料馆）

日本《中归连》杂志关于"慰安妇"问题的报告集专刊

1998年8月，日本友人石田米子、加藤修弘等在羊马山"慰安妇"窑洞遗址进行现场调查。

数十年坚持调查考证日军在山西的日本战争性暴行的日本冈山大学教授石田米子

山西省盂县西烟镇羊马山。山顶曾建有日军的炮楼，许多妇女被抓到这里沦为性奴隶。

2. 受害幸存者口述

赵润梅

（1925—2010）

山西省盂县西烟镇南村人

赵润梅口述：

1941年日军入侵盂县时，我只有17岁。一天早上，日本兵突然冲进了我的家门，看到我后，两个日本鬼子竟当着我父母的面，将我按在炕上强奸了。我不停地哭叫反抗，但都无济于事。我的母亲要来救我，被日本兵用东洋刀砍了四五刀，我父亲的脖子上也挨了两刀。然后日本鬼子又把我拉出家门，把我绑在一头毛驴上，驮到河东村的一个老百姓家，当晚又被拉到河东炮台日军碉堡的一个窑洞里。从此，日军白天黑夜来糟蹋我。黑夜来的日本兵最多，常常有十几个。他们迫不及待地强奸我，将我弄得痛苦不堪。在炮楼的40多天里，日本兵每夜十几人的长时间的摧残，使得我左大腿的外侧被木板磨得皮开肉烂，又感染化脓，每日疼痛难忍，后来肉烂至骨，至今还有一个大伤疤。我的这些经历、痛苦和耻辱是不能用话来说的，还得了精神病。由于日军的摧残，我无法生育，遭人嫌弃，婚姻悲惨。我常常说，活着还不如死去，谁来为我申冤？

高银娥

（1924—2008）

山西省盂县西烟镇南村人

高银娥口述：

1941年农历四月初四，河东据点的日本兵把我们的村子包围了。没有来得及躲藏的人们被日本鬼子抓起来。当我听见人们的脚步声和日本鬼子的叫骂声时，日本鬼子已经闯进了我的家里，什么话也不说，就把我抓起来，用一个牛车把我和我们村的一些老百姓一起拉到河东据点的一个房子里。在当天的晚上，日军的一个队长就把我叫到一个空房子里把我强奸了。从那一天开始，每天都有日本鬼子来欺负我。在半个多月里，每天都要有三到五个日本兵来我住的地方。家里人为了救我，把养家糊口的五亩好地卖了，换成大洋等东西送到河东据点，我才被放回了家。

赵存妮

（1917—2004）

山西省盂县西烟镇南村人

赵存妮口述：

1941年6月的一天，在西烟驻扎的日本兵闯进了我的家，用刺刀逼迫着把我抓到了西烟据点，住在据点旁边的一个房子里。每天都有日本兵到我住的房子里欺负我。就这样熬过了20多天。我的身心受到了很大的伤害。家里人送东西又好话央求，日本人才准许我回家养病。我在家里养了好几个月，身体才慢慢复原。但是，我从此失去了生育的能力，无儿无女，到了老年没有人照顾，生活没有着落，受了数不清的罪。

李秀梅
（1928—2014）
山西省盂县西潘乡李庄村人

李秀梅口述：

1942年初秋的一天，日本兵扫荡我们李庄村，一家人都到山上躲了起来。过了中午，我们以为，日本鬼子到进圭去了，没有料到日本鬼子到了高庄后，到了下午太阳快要落山的时候返回李庄村。由于没来得及逃避，日本鬼子把我们一家全部堵在家里。我和妈妈正在炕头上坐着，其中有一个说："花姑娘的顶好"。让我自己下炕来跟他们走，一听到这一句话，把我吓得一下子躲避不及，然后就有几个日本兵一起跳到炕上，把我从妈妈的身体后拉出来，母亲赶紧把我的衣服死死拽住，我也趴在炕上不跟着走，但是我们母女两个哪有几个日本兵的力气大，我还是被日本兵从家里带走了。日本兵把我架到一个骡子的背上，还有一个女人和我一块儿骑着一个骡子走。日本兵把我带到进圭村据点后都吃饭去了，我被推到一个石窑洞里，没有吃饭，也没有给我喝一口水。没过一会儿，就进来一个日本兵，用刺刀逼迫着把我强奸了。到了晚上，一齐来了四个日本兵要欺负，我不让他们靠近我的身体，几个日本兵一齐动手，有的压住我的腿，有的压住我的胳膊，我被压得不能再动弹，被日本兵轮奸了。后来，日本军一个小队长派人又把我叫到一个民房里欺负了一顿。又以后，我又被一个红脸队长叫去，我不能忍受了，再次反抗，红脸队长就用皮鞋狠狠地踢，把我的大腿都踢断了。

我被日军红脸队长打成重伤，不能起床。妈妈在家里通过到进圭"听差"的人知道了我在日本人手里被欺负的情况，非常着急，用了很多办法还是救不回她的女儿，感到对不起她的女儿，最后干脆撇下一家老小上吊自尽了。最后我的哥哥想办法向亲戚借了几十块大洋，送到日本人那里。我那时的身体也不成一个样子，躺倒在炕上起不来。日本人才让我哥哥用簸箩把我抬回到家里。回到家里的时候，才知道妈妈因为见不到我而上吊死了。哥哥气愤至极，就扛起枪到前线打日本鬼子去了，为我和死去的妈妈报仇，一直就没有回来。是日本鬼子毁了我的身体，毁了我的一家。

山西省性暴力受害者要求损害赔偿的诉讼

起诉人：万爱花、赵润梅、南二仆（已故）及另外7名
1998年10月30日　　向东京地方法院起诉
2003年4月24日　　东京地方法院驳回请求
2005年3月31日　　东京高级法院驳回请求
2005年11月18日　　最高法院做出判决；
　　　　　　　　　驳回上诉，不予受理
在地方法院进行了16次口头辩论，对原告10名中的8名进行了询问，还对受害地的2名目击证人进行了询问。在地方法院的判决中虽然请求被驳回，但受害事实基本全部被认定，并把日军的那些加害行为定罪为"明显超出常理的卑劣的野蛮行径"。并破格附加了附言，提出有望通过立法·行政途径去解决。在高级法院判决中对地方判决的事实认定和附言给与再确认，不过尽管在法律论上驳倒法院方，官司仍以国家无答责的理由败诉。

（摄影：川田文子）

1998年10月30日，万爱花等7名山西省性暴力受害者在东京地方法院提起赔偿诉讼。

2000年12月，万爱花走向东京地方法院出庭作证。

2010年3月22日，万爱花发表致日本首相鸠山由纪夫的公开信，要求日本政府谢罪赔偿。

2010年3月21日，由日本"东京女性战争与和平资料馆"主办的"二战时期日军对妇女的犯罪图片展"在山西省武乡"八路军太行纪念馆"举行，万爱花在记者招待会上作控诉报告。

3.加害者口述

1942年5月，身着军服的近藤一在太原留影

近藤一
（1920—）
日军京都三重县人

2014年8月6日晚，旅日华侨中日交流促进会秘书长林伯耀先生电话联系近藤一先生，预约对他进行采访，近藤先生爽快地答应了。8月7日下午1时40分，我和林伯耀先生乘新神户至名古屋新干线，3时21分由名古屋转近铁线抵三重县桑名站，乘坐的士到近藤一先生宅：三重县桑名市简尾三丁目13番1号。

近藤一，1920年出生。1940年12月2日入伍，于京都集合，由大阪上船，大沽登陆后，开赴中国山西省辽县（今左权县）作战，历任日本陆军独立混合4旅团独立步兵第13大队第2中队二等兵，半年后一等兵，一年后上等兵，及兵长、伍长。1945年4月1日随部队回到冲绳，6月末被美军俘虏，后释放。

1940年底，近藤一随部队开赴中国山西省的辽县作战。那里是日中战争的最前沿，邻近八路军抗日据点。近藤说："我不得不正视自己从到中国后至1945年的那四年里，在中国都做了些什么。"

在到达辽县后，近藤一这些新兵们接到的第一个上级命令，便是进行用刺刀刺杀中国人的训练。训练的靶子，是两个被反剪着双手绑在木杆上的中国俘虏。

近藤说："新兵军训的时候，我们被要求在广场上集合。前面的木柱上绑着两个八路军俘虏，是用来新兵刺杀训练的。一想到是第一次杀人，我就从头到脚发起抖来。这时就听到一声吼：'上刺刀！'助教一声大喝，站在前面的新兵一刀刺进了被绑着的中国人的胸膛。被刺中的中国人的惨叫在我耳边回荡。"近藤说，当时他排在第六或是第七个，

2014年8月7日，95岁的近藤一在他家中讲述自己的战争经历。

轮到他刺的时候，那人已经奄奄一息，头也低下了，衣服也被鲜血染红了。"接到教官的命令，我就冲上去对准那人的左胸刺下去。刺刀刺进了他的胸膛。那一瞬间，我的腿突然停止了抖动，就像拿筷子插进豆腐里一样，完全没有杀人的罪恶感。我和同一个部队的士兵们，还乐于去村落里寻找年轻女性，然后集体轮奸她们。在一场'讨伐战'中，还让一名被轮奸的、刚刚分娩的年轻母亲，浑身上下只穿一双鞋子和我们一起行军走路。也许是为了减轻行军中的负重，行进中一个老兵突然夺过母亲怀抱里的婴儿，狠狠地抛到了山谷里。母亲撕心裂肺地哭喊着，也追随婴儿跳进了山谷。士兵们看到这一幕，都高兴得哈哈大笑起来。"

近藤说，有一次，他为了搞清楚一发手枪子弹能穿透多少个人，就找来了10名中国男性，让他们前胸贴后背地排成一列，用枪抵着第一个人的后背扣动了扳机。

近藤一题词：以史为鉴，开创未来。

旅日华侨中日交流促进会秘书长林伯耀采访近藤一

与近藤一起的其他日本兵还用刺刀划开孕妇的肚子，削掉老人的耳朵。在这场望不到边的拉锯战中，日军部队不断重复和继续着他们残虐的暴行……

近藤说："小时候在学校里，老师就教我们，大和民族是最优秀的民族，这话让我们记在心里。因此，当我们杀中国人时，觉得怎么样对待这些身为劣等民族的中国人都不为过。现在回想起来，我犯下的罪行一百年也偿还不清。"

战后，近藤一致力于战争罪行的反省和推动和平的事业。近藤常常说："现在想来，当时完全失去了人性，实在是太可怕了。到了战场，人就变得不像人了。我们每个士兵都背负着战争的罪行。"于是，近藤先生多次回到中国山西访问战争受害者万爱花等，面对他们去忏悔自己当年犯下的罪行。

对于日本一直出现的掩盖侵华战争历史、拒不反省战争罪行的行为，近藤先生持反对态度，他说："如果日本不再发动第二次战争，我那些战友的死尚且有意义。但看现在的状况，他们在九泉之下也会抬不起头来。"为了表明他的立场，多年来，他不顾年迈，坚持到日本各地做演讲和证言报告，以自己的战争经历和在中国犯下的罪恶，揭露日本的战争罪行，呼吁和平友好。

三、日军最惨绝人寰的大屠杀
南京

1. 概述

来自世界许多国家的研究"南京大屠杀"的学者认为，侵华日军制造的"南京大屠杀"不仅是二战期间的三大惨案之一，其中日军针对中国女性的性暴力也是世界历史上规模最大的集体强奸暴行之一。

战后远东国际法庭调查认定，侵华日军在南京制造强奸罪行约两万起，不过通过近年的研究证实，"南京大屠杀"期间至少有八万女性被奸被杀，而且妇女被强奸往往与全家被屠杀一起发生，许多家庭被灭门。日军强奸的对象大到80岁的老妇，小到不足10岁的女孩甚至孕妇，各年龄层的妇女都可能受到侵害。同时，日军性暴力还常伴有骇人听闻的性虐待，许多女性在遭强奸后又被残杀。

"南京大屠杀"期间，日军对南京女性的强奸构成屠城事件中触目惊心的一部分。"这儿(南京)已成为人间地狱。这里叙述的是一个恐怖的故事，我不知道从何处开始，到何时结束。我从未听说过或见过如此暴虐。""强奸!强奸!强奸!……只要是反抗或稍有不顺从，立刻被刺刀捅戳或枪击。"这是当时留在南京的外籍人士麦卡伦在日记中对日军性暴行发出的惊呼。

说其最恶劣，不仅指强暴规模之巨大，同时也指性暴行之野蛮残酷。国际安全委员会主席、德国西门子公司的商务代表拉贝当时曾援引一位美国人士的话说："安全区已变成了日本人的妓院"，他说："这句话几乎可以说是符合事实的……此时听到的消息全是强奸，如果兄弟或丈夫们出来干预，就被日本人枪杀。"

美国传教士贝德士在日记中写道："人们很难想象这种痛苦和恐怖。小至11岁的女孩和老到53岁的妇女横遭奸污。在神学院里面，17个士兵在光天化日之下轮奸一个妇女。事实上约三分之一此类案件发生在白天。"

无耻的日本兵强迫被其奸污后的妇女与他合影　　　　　　　　　　被日军剥光衣服后轮奸的妇女
（录自《旧中国大博览》）　　　　　　　　　　　　　　　　（录自《中华百年国耻录》）

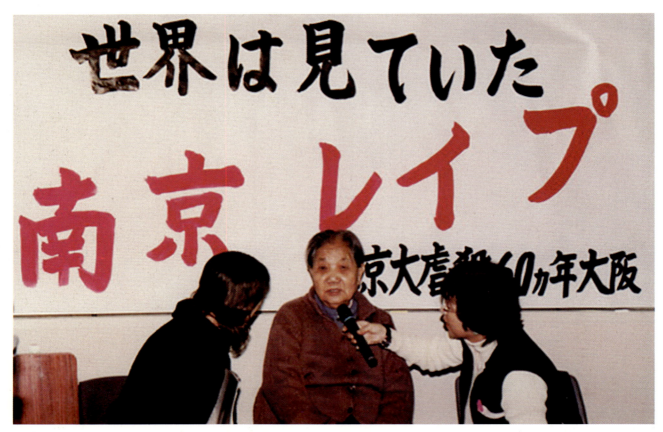

2001年12月11日，松冈环（右一）在日本大阪召集听证会，邀请"南京大屠杀"幸存者控诉日军"南京大屠杀"及其性暴行。

"南京大屠杀"性暴力受害者徐宝兰(左)向旅日华侨林伯耀和日本友人松冈环哭诉当年的悲惨经历

2.受害幸存者口述

2000年12月8日，杨明贞在日本"东京女性国际战犯法庭"控诉日军性暴行。

2000年12月8日，日本友人芹泽明男和山内小夜子搀扶杨明贞走向"东京女性国际战犯法庭"会场作证。

杨明贞

（1931—）

江苏省南京市人

杨明贞口述：

1937年12月13日，日军侵入南京城。当天中午，五六个日本兵端着刺刀冲进我家住的院子，先是连开数枪打死看门的老头浦狗子，接着又一枪打死了房东老太太。我父亲躲在屋里不敢出去，但还是被冲进来的日本兵打了一枪，左臂受伤，子弹留在手臂里。12月14日下午，一个骑马的大胡子日本兵带着枪，手握军刀，闯进了我家。他一进门便将我抱住，解开了我的棉袍扣子，扯掉了我的裤子。当时，我吓得又哭又叫，日本兵叫着对我的额头连砍了两刀。这时我父亲冲上来救我，日本兵对准我父亲的脖子连砍三刀，不久父亲便死去了。12月15日下午一点钟，又有两个端着刺刀的日本兵冲进我家，强行脱下我母亲的裤子把她糟蹋了。之后，又一个日本兵过来强行解开我的棉袍纽扣，把我强奸了。那年我才7岁。

此后，杨母因受严重的刺激和惊吓，得了精神病，眼睛也哭瞎了，不久便离开了人世。年幼的杨明贞成了孤儿，无依无靠，到处流浪。日军的强暴，给杨明贞的身心造成极大伤害，终生小便失禁，常常处在精神恐惧之中。

2000年12月8日，杨明贞作为中国受害妇女原告，出庭"东京女性国际战犯法庭"作证，回忆当年，不禁失声痛哭。

3.《南京战·寻找被封存的记忆——侵华日军原士兵102人证言》
加害者口述：

松冈环

（1947—）

毕业于日本关西大学文学系东洋史学科

日本纪念"南京大屠杀"六十周年全国联络会共同代表

铭心会南京友好访华团团长

在日本东京、大阪，在中国南京、北京，我曾经多次和松冈环女士一起参加纪念集会和揭露日军战争罪行的听证活动。

松冈环女士是日本大阪府松原小学校的一名普通教师。她曾带领铭心会的成员，先后走访了180位"南京大屠杀"幸存者的家庭收集证言，在日本出版了《南京战·受害者破碎的心声》一书。谈及书中的证言时，她说："全部都是悲惨的历史事实，编书出版的目的，是为了让更多的日本人相信中国人曾遭日本军国主义残害的史实，因为这是日本人亲自采访编写的，容易让日本读者接受。"她还花了四年的假期，在日本走访了250多位当年参与"南京大屠杀"的日本老兵，编辑出版了《南京战·寻找被封存的记忆——侵华日军原士兵102人证言》一书，在世界上引起很大反响。这是一部加害者的口述史。日本右翼分子因此对松冈环发起了攻击和威胁，每周在网上恶毒攻击她的信件达1000份以上，有的还到松冈环供职的学校滋事。但松冈环女士没有被吓倒，她说："我说的都是事实，正义和良心驱使我这样做。"

曾经接受访问的日本老兵寺本寿平说："在南京，高级军官对我们说，我们可以抢劫、谋杀、强奸、纵火……做任何事。你知道，我们是年轻的男子，而我们的人可能死于第二天，所以我们就想和女孩睡觉。"

以下便是选自松冈环《南京战·寻找被封存的记忆——侵华日军原士兵102人证言》一书中的三位日本老兵的口述：

了，就地扒掉衣服强奸。因为只穿了一条裤子，里边没有穿内裤，所以马上就可以干了。干完后，对方虽然说了"不要"，但还是对准胸口开枪杀死了。这是一种默契。

（2）大泽一男（1916— ）

南京战时服役于第16师团步兵第33联队第2大队。

大泽一男口述：

听说士兵们进了南京女校（指金陵女子文理学院，现南京师范大学所在地），干了相当坏的事。驻屯后不到一个星期就有了慰安所，韩国人来了。……在外面的慰安所开起来之前，部队抓了几个女孩带进来办了慰安所。驻屯中，不知从何时起，准尉动了个脑筋，把女孩分配给士兵，让士兵付钱。这是没有办法的。

（3）佐藤五郎（1913— ）

南京战时服役于第16师团步兵第33联队第1大队。

佐藤五郎口述：

南京有慰安所，士兵们排成一溜儿等着轮到自己。慰安所里随你干，完事之后也不用管，也不用付钱。在城外，我们也经常趁着去征发的时候干这事。绝大部分的女孩子都很老实，不过也有吵闹个不停的听说那时候偶尔也会杀人灭口。……自己在南京强奸过的女孩子人数记不清了，20个左右吧。去找姑娘，说一声"走吧"，我们就以这个为主要目的出发了。但是，我们绝对不会对日本女人这么干。因为是敌国女人，我们才那么干。也有人强奸老女人。小女孩大概十五六岁吧。

（1）井户直次郎(1914—)

南京战时服役于第16师团步兵33联队第3大队。

井户直次郎口述：

（强奸）是所到之处都有。这是少不了的事情。在所到之处都目睹过扛着女人和强奸妇女的场面，连老太太也抓。强奸后就给杀死了。残酷极了。

陷落后过了两天，到下关进行征发的时候，在民宅征发过米和食物，那时也征发女人。打开屋里的衣箱盖时，发现里边藏着年轻的媳妇。因为是缠足，所以逃不快，就抓住

4.《东史郎日记》

1937年，从军入伍的日军士兵东史郎。

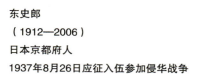

东史郎

（1912—2006）

日本京都府人

1937年8月26日应征入伍参加侵华战争

1937年8月26日，东史郎入伍随16师团20联队从大阪坐船启程，抵中国后，他先后参加了攻占天津及华北、汉口、徐州、襄东、无锡等战役，参与了当年占领南京的战斗，并亲自经历了"南京大屠杀"。

东史郎题词：前事不忘，后事之师。

东史郎有记日记的习惯，在作战期间，将亲身经历和所见所闻都写在自己的《阵中日记》里，如实记述了"南京大屠杀"期间日军在所到之处烧、杀、淫、掠的暴行。《东史郎日记》在2005年由江苏人民出版社、凤凰出版社出版。

日记摘录：

1938年一月份的一天，天正下着雨雪，非常冷，这时命令下来了，要求想去慰安所的人提出申请。这个听来不太习惯的慰安所，就是有搽着红粉和白粉的娼妓的地方。几天

东史郎展示他的日记

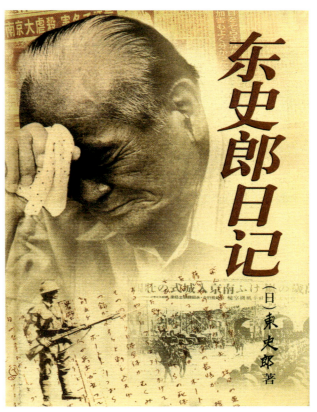

《东史郎日记》

后报上有消息说，日本人将随军妓女用五辆卡车拉着在市内进行游行，士兵们见了兴奋异常。

"喂！这家洋房里有30人。""支那P（指中国妓女）也有。""还有朝鲜P。"士兵们兴奋地说着。

"兵哥哥！"传来了嗲声嗲气的声音。勇士们的心灵马上被俘虏了。

我们分队决定让仓桥后备兵去。虽然上面给我们每人都发了朝鲜银行券，但是只有去买P的人才发给印有龙的图案的军票。

一等兵仓桥用铅笔在他的日记本上画下了他进去的那个妓女的房间。他画了斜斜的楼梯上的床，甚至认真地记下了花子的牌号，连花子睡觉的姿势都画了出来，然后说"有P的房子，是支那人逃走后留下的空房，门口有宪兵，士兵多得很，都希望早些叫到自己的号，挤死了！所以根本没有时间全部脱光，也不能慢慢搞。不过也不错。我买的那个女的很年轻，感觉舒服极了。不好的是，各个房间没有完全密封，所以从外面可以偷窥的。不过谁都管不了那么多。"

5.南京利济巷慰安所——"慰安妇"的血泪记忆

位于南京利济巷2号的侵华日军慰安所旧址，地处繁华的太平南路东侧，西邻新街口，向南不远就是夫子庙。日军占领南京八年间，这里一直是全城慰安所最集中的地区。

慰安所旧址有7幢房屋约2000平方米，是南京乃至整个亚洲地区最大、也是保存最完整的一处日军慰安所旧址，也是唯一一处被在世"慰安妇"指认过的慰安所建筑。

利济巷一带的慰安所旧址包括：利济巷2号的"东云慰安所"，又称"东云旅馆"；利济巷18号的"故乡楼慰安所"；科巷南寿星桥口的"吾妻楼慰安所"。史学界认为，利济巷的慰安所是二战期间日军在亚洲建立的最大规模、并且是目前保存最完整的慰安所。

这里"慰安妇"数量超过200人，其中一处被拆除后改建为科巷菜场，主要关押中国妇女，利济巷2号以关押朝鲜妇女为主，而利济巷18号则主要是日本妇女。2003年，朝鲜老人朴永心从平壤来到南京，她认出了这里就是她1939年被诱拐来做了三年"慰安妇"的地点，利济巷2号楼上第19号房间正是她当年被拘禁的地方，楼梯旁的售票口、她们当年使用过的洗脸间、洗澡间都原样保留着。

2014年6月25日，被增补为南京市文物保护单位的"利济巷慰安所旧址"正式立碑挂牌，这处见证"慰安妇"血泪历史的地方，今后将得到妥善保护，并向世界讲述日本军国主义的暴行。

（1）一种罕见的反人类暴行

1937年12月，南京沦陷伊始，灭绝人性的日军就制定

2010年10月，日本和平友人在利济巷慰安所旧址调查。

了《方面军关于慰安设施的实施意见》《关于设立南京慰安所的方案》等文件，将人类历史上罕见的"慰安妇"制度作为国策确立下来。攻占南京后的短短数周内，日军强奸中国妇女就有两万多人次。

在日本军政当局的主持与支持下，各种临时性"慰安所"，汉奸、地痞、流氓设立的"皇军慰安所"，日本军部自行开办或委托日侨娼业主开办的"日本窑子""高丽窑子"等各式各样的"慰安所"迅速布满南京的大街小巷。南京成为日本当局"慰安妇"制度最完善、"慰安所"与"慰安妇"数量最多的地区。

直到今天，在南京城南夫子庙到大行宫一带、城北下关一带、城中商业繁华地区及城外浦口、江浦、汤山等地，有据可考的"慰安所"旧址就有40座。

"战时日本当局制定'慰安妇'制度，并把它当作一项重要国策实施，长期地、公开地、有计划地强征大批各国妇

南京利济巷的日军慰安所旧址

女，为日军官兵提供性服务、充当性奴隶，乃是人类数千年文明史上罕见的反人类暴行，充分暴露了日本军国主义的残忍、野蛮与暴虐。这是已被历史钉在耻辱柱上的铁的事实！"长期研究日军在南京实施"慰安妇"制度与"慰安所"遗址的南京大屠杀史研究会顾问经盛鸿教授说。

（2）一个罪恶滔天的魔窟

"我的人生太苦了，几本书也写不完。"2003年11月，在中日学者的帮助下，82岁的朝鲜老人朴永心重回"东云慰安所"（今天的利济巷慰安所），回忆并控诉了她在这里长达三年、刻骨铭心的悲惨经历。

当走到利济巷2号楼上第19号房间时，老人情绪十分激动，几乎昏厥过去，这里正是朴永心当年被拘禁的地方。家境贫寒、从小丧母的朴永心，17岁时不幸被日军以招"女看护"的名义骗到南京，并送进利济巷2号"东云慰安所"。一开始朴永心不从，日军就把她关进阁楼吊打，还不给饭吃。有一次

朴永心生病了，"慰安所"的日本老板还硬要她"接待"一个日本士兵。朴永心不从，那个日本士兵就拔出佩刀刺向了她的脖子。当时，倒在血泊里的朴永心不省人事，幸亏中国杂工及时把她送到附近的一家小诊所急救，才逃过一死。

1942年夏，流落南京的安徽老人杨隆珍被伪保长姚老三以"帮太君洗衣服"的幌子，骗入利济巷"东云慰安所"。据老人生前回忆，当时所方规定，每个"慰安妇"每天"接待"的军人不得少于5人。

还有一名叫小贺的学生，被无休无止蹂躏她的日军逼疯了，见到日军又抓又咬，结果被凶残的日军开膛破肚。

"对于稍有不从或反抗的'慰安妇'，日军轻则施以饥饿，重则用军刀割其乳房、剁其手足，甚至让狼狗将她们一片片撕烂示众，借此威胁其他'慰安妇'。在各'慰安所'中，沦为性奴隶的各国妇女遭到日军官兵野兽般的蹂躏摧残。"经盛鸿说。

南京利济巷的日军慰安所旧址

四、难逃日军魔掌的中原腹地

河南

1. 概述

研究表明，自1937年11月日军攻陷安阳后，侵华日军在河南沦陷区内大规模、有组织地实施了"慰安妇"制度。迄今至少发现当年的安阳、新乡、洛阳、开封、夏邑、邓县、漯河、舞阳、周口、许昌、宝丰、汝州、考城(今兰考)、鲁山、虞城、信阳、永城等地设有"慰安所""慰安营""花乃家"等慰安妇机构，其中被充当发泄工具的有大量从当地强行征召的河南妇女。

大量文献资料佐证了这段历史。1941年12月13日，日军从朱仙镇大律王庄仅一次就虏获240名男女，女的全部送往开封"芙蓉院"做"慰安妇"；1945年春，日军在鲁山等地抓捕10多名女子组成"慰安队"供日军淫乐；日军一名伍长回忆说，他在信阳养伤时曾接受过"慰安"……

据健在的老人证实，在现平顶山市宝丰县观音堂、大营镇以及舞钢市尹集一带，日军疯狂扫荡后，将多名妇女抓走，施以残酷的性暴力，使其身心遭受重大伤害。另据资料记载，1940年4月10日，日军第35师团某联队第23中队18名士兵，因轮奸蹂躏河南新乡地区王各庄民女，遭到当地百姓愤怒围击。第23中队奉命偷袭王各庄，屠杀村民487人，拘留213人，烧毁民房106间。在屠杀中，他们挑出10位年轻姑娘，让10个群众当面强奸，谁不顺从立即枪杀，接着让日本兵当着中国人的面排队轮奸。临走又把当地82名妇女抓去充当"慰安妇"。一个姑娘不脱衣服，日军大佐就让士兵将其衣服扒光吊起来，并拔出"东洋刀"，削去姑娘的两个乳房，放出狼狗将其活活咬死扯碎。

尹集镇的这三间旧瓦房，就是当年的日军慰安所。

舞钢朱兰店。路的右边是日军司令部，斜对面是日军的慰安所。

2.受害幸存者口述

盛大妮

（1914—2002）

河南省舞钢市尹集镇赵南庄人

河南现舞钢市一带，当年是八路军和日军争夺的军事要地。1944年前后，这里分散驻扎着许多日军，许多村子都有日本兵的据点。这里也成了日军对女性施暴的重灾区。除了到各村强奸妇女，日军同时设有固定的慰安所，里边有从当地抓来的农村妇女，还有日本兵带来的朝鲜"慰安妇"。今朱兰店的主要街道上，当年就驻有日军的司令部，斜对面不远，就是日军的慰安所。

盛大妮口述：

日本鬼子占领我们这儿时，方圆几里有好几个日本鬼子的据点，他们经常到各村烧、杀、抢、抓，强奸女人，无恶不作。1944年8月，日本鬼子和八路军在虎头山一带打仗，日本人吃了亏，拿我们这些老百姓报复。日本兵全副武装进入村子，捉鸡、捉猪、打人、抓人，见到女人就奸污。我吓得跑出村子藏进庄稼地里，家都不敢回。我亲眼看到，被鬼子杀死的就有好几十人，几个村子被奸污的妇女也有几十人，有的还被吓死了。还有一个邻村刚娶过门的媳妇，抓走后被十几个鬼子强奸得都没气了，家里人用门板把她抬回来，三天才活过来。

五、日军铁蹄下的遥远南国

海南

1. 概述

从1939年4月日军入侵海南的第三个月起，就陆续设立起了越来越多的慰安所。到1941年后，其慰安所便已十分普遍，凡日军驻扎的县城、市镇、乡墟多有开设。

据海南省政协等单位所组织的调查，日军慰安所在崖县（今三亚市和乐东县部分辖地）有15个，海口市区有6个，琼山县有5个，文昌县有3个，詹县有7个，临高县有3个，感恩县至少有10个，昌江县有3个，还有琼东、乐会、万宁、安定、澄迈、陵水、保亭等县，共计63所。

这些慰安所决非"民间所为"，而是日军在"要尽快设立性方面的慰安制度"的指示下筹划、设置的。例如在1940年秋，日军在琼西北设舞鹤镇守府第一特别陆战队司令部，当时即在赵家园筹划那大慰安所。当那大第一家慰安所开张后，日军每天用军用卡车接送所辖区域内的日军官兵前往"慰安"。并派人在慰安所担任"值日官"，管理慰安所的日常事务，定期对"慰安妇"进行性病检查，有未按规定使用避孕套和清洁粉的登记在案，就禁止其一个月内的"慰安"享受资格。由于那大只有一家慰安所，供不应求，各部队之间还为此而发生纠纷。于是，日军又增设李家大院慰安所，还在边远的墟、镇设置驻军慰安所。

日军不仅在城镇、墟市重要的军事驻地专门设立慰安所，而且还为处于占领乡村僻地的日军营地、据点配置随军"慰安妇"，以解决小股日军官兵的"性问题"。至于日军在扫荡中对当地农家妇女随时随地所实施的强奸、轮奸，那就更不计其数了。

据中国"慰安妇"问题研究中心提供的数据，日军在海南的"慰安妇"数量颇多。每个慰安所的"慰安妇"少的10人，一般为30多人，而规模大的有100多人。例如黄流日军机场军人"乐园"的慰安所有21人，多的如红沙镇欧家园慰安所有52人，崖县所辖的14个慰安所中共有"慰安妇"400多人。在鼎盛时期，那大有"慰安妇"150人（赵家园45人，李家院105人）。感恩县八所镇的"慰安妇"有200多人，昌江县的3个慰安所有400多人。在日军占领的16个县、1个建制市中，仅上述地区就有"慰安妇"1200多人。估计日军在占领海南期间，先后逼迫当地妇女数千人充当"慰安妇"，加上大陆、台湾地区来的"慰安妇"，人数应在万人以上。她们大部分死于非命，幸存下来且至今尚在的只有寥寥数人。这些历尽沧桑、受尽折磨的妇女们，带着身体和精神的双重创伤，艰辛而痛苦地生活着。

2.受害幸存者口述

符桂英
（1919—2015 ）
海南澄迈县福山镇美傲村人
1938年嫁到临高县皇桐镇皇桐村

符桂英口述：

1941年7月，日本兵在皇桐村建了军部，设立了炮台。那时我的丈夫符立义被日本鬼子抓走，我到日本兵军部去看丈夫，不料被日本鬼子扣了起来，三四个日本鬼子将我轮奸两个昼夜。日本人还让我给他们挑水、洗衣服、煮饭。这以后，不分白天黑夜，日本鬼子多时有七八人，少时有三四人对我进行轮奸。就这样，我一年四季被日本鬼子关在军部强迫劳动，挨饿挨打，还随时受日本人奸淫，这样的苦日子一直熬到日军投降。

林亚金

（1925—2013）

黎族

海南保亭县南林乡罗葵什号村人

林亚金口述：

1943年10月的一天，我和谭亚銮、谭亚隆、李亚伦4个人正在稻田里干活，突然听到邻村响起枪声，因为害怕被子弹打中，我们就都趴在稻田里，一动也不敢动。等枪声停了，才探出头朝刚才响枪声的邻村方向看。这时，我们一点都不知道背后正有一队日本兵朝我们悄悄围过来。等我们发觉后面有日本兵的时候，已经迟啦，跑不了了。

那年我17岁，村里人都说我长得漂亮，想和我好的青年不少，也常有人来提亲，但我不愿意。没想到就给日本人抓去糟蹋了。日本兵押着我们4个姑娘，翻过了一座山，到了崖县的一个村子叫什漏村。到了什漏村，村里没有一个人，因为都在日本人到之前躲起来了。我们4个人被分开关在4间茅草屋里。日本兵四五人一伙，找我们一个一个地问话，主要问我们抗日游击队在哪里。我们哪里知道抗日游击队在哪里啊，没人回答得出来，再看着日本兵又那么凶，都害怕得哭了起来。

第二天傍晚，来了另外4个日本兵，其中有个翻译。他们问了我几句话后翻译就退出去了，翻译对我说这三个人是当官的。这天晚上，我就被这三个日本军官轮奸了。这三个当官的都不是人，当时我痛得直喊，他们就扇我的嘴巴，不让我喊，一直到他们都满意了才停下来。

从那以后，每夜都有日本兵来我这里，每次3至5人。有时候好几个一起来，一个强奸，其他的在一边看，还笑着。每天夜里死去活来，天天如此。每天三顿饭，有伙夫送来，每顿一个饭团和半条鱼，但我由于天天被糟蹋得浑身酸疼，饭吃不下，觉睡不着。于是一直想逃跑。

在什漏村过了10天，我们又被送到了南林据点，关进一间铁皮盖的房子里。这样过着人不人、鬼不鬼的日子，我曾想到过死，可再一想自己假如就这样死了，家人永远都不会知道自己死在了哪里，还有自己真的死了，多病的父母谁来照顾？想到这些，我就想自己无论如何也得忍辱活下来。在南林据点关了不久，他们就又把我重新押回什漏据点，有6个日本兵押送，前面3人，后面3人，怕我逃跑。

回到什漏据点，还是单独关在一间房子里。据点边上驻有一个中队伪军，中队长是当地黎族人。因为是同乡人，我就壮着胆子认他为大哥，恳求他救我出去。我向他诉说自己的苦处，我说，这不是人生活的地方，日军每晚都来轮奸我，连月经时也不放过，只叫我洗一洗下身，擦干了他们又来强奸，弄得满身经血。他当时听了也没有什么反应。

一个多月后，我生病了，皮肤发黄，浑身浮肿。伪军中队长见我可怜，就向日军求情，说我生了病，家中母亲也眼看着快要死了，就让我回家探望一下，顺便也好看医生吃药治疗自己的病。日军见我一副焦黄的样子，也没有了兴趣，这才同意放我回家。回到家，才知道父亲真的生病了，而且病得很重。

不久父亲就去世了，剩下母亲和我。当时，家里没有钱，母亲就让我到什丁村姐夫家去吃草药治疗。在姐姐家吃了两个多月草药，身体才一点点有了好转，那时已经是1944年的初夏了。

那时母亲体弱多病，家里又穷，无法生活，我就到崖县罗朋村去，给人打工。大概在这户人家干了有半个来月，有一天，村里来了4个日本兵，是罗朋据点的。日本兵发现了我，就硬拉我上山去砍扫把，我担心挨打，只得跟他们上山。上山之前翻译被日本兵支走了，3个日本兵押着我，又遭到了日本兵的强奸。我只能哭一场。回来后我把白天的事情告诉了主人，主人一家就很害怕，劝我早点离开此地，说那些日本兵一定还会来找你麻烦的。这样我就只好离开了。

陈亚扁
（1925— ）
黎族
海南陵水县祖关镇祖孝村人

陈亚扁口述：

1942年，我长到了15岁。

那是一个中午，我正在家里织桶裙，几个端着枪的日本兵气势汹汹地闯了进来。当时，我们姑嫂三人被吓得缩成一团，浑身发抖。

最后日本兵把眼睛停在了我身上，先是过来把我和姐姐、嫂子分开，把她俩先赶到了屋外，然后把我拖过来调戏我，拼命在我身上乱抓乱摸，最后把我的衣服、裙子都剥光，按在地上，糟蹋了。我疼得撕心裂肺的，就拼命地叫喊。可日本人像畜生一样，边奸边哇哇喊叫，直到我大出血，昏死过去了才罢休。从那以后，日本兵就经常到我家来，有时候抓我去营房，有时候拖到寨子外，有时候就在马背上糟蹋我，我不顺从就会挨打。

有一天，几个日本兵又来到了我家，还要我跟他们走。他们把我带到营房后，又把我糟蹋了，以后就干脆把我关在了营房，不让我回家。当时被关在营房的不止我一个，还有陈亚妹，她和我同村，17岁了，是个很漂亮的姑娘。

我们被关在两间木房子里，日本兵日夜看守着，不准我们走出营房一步。

一到晚上，他们就往我们屋里跑，我和陈亚妹每晚一个人至少要陪两个日本兵，有时候三五个，多的时候七八个也有。

那时候，还不断有其他姑娘被抓进来，一共大约有20多个人。白天，这些姑娘给日本兵洗衣、煮饭、种菜、砍柴；晚上，她们就要给日本人挑水洗澡擦身子，最后还要陪他们睡觉。日本兵不要我和陈亚妹干粗活，白天我俩在院子里为他们从大米里挑挑砂子、收拾收拾房子，夜里给他们取乐。

三个月后，砧板营日军把我押送到了崖县藤桥慰安所。

在藤桥慰安所，他们把我关在一个木楼上，房间像个木

头盒子。我的楼下还关着另外的姑娘，白天晚上，我都能听到她们的哭叫声。我和这些姑娘一样，时时受日本兵欺负，晚上，人来人往整夜不断，遇到轮奸时少的两三个，多的四五个，他们强迫我做各种动作，把我弄得死去活来。

当时，因为我年纪小，不来月经，所以来糟蹋我的日本兵从没断过。在藤桥慰安所的日子，我整天哭，求他们放我回家。

后来，父亲通过在砧板营当日伪自警团团长的亲戚陈仕连担保，我才从藤桥慰安所又被押回到离家近些的砧板营兵营。

邓玉民

（1927—2014）

苗族

海南保亭县响水镇什齐村人

　　1939年2月14日，日军侵占了海南岛南部重镇三亚。同年4月，驻扎在三亚的日军第六防备队开始对三亚附近地域进行扫荡，同时向藤桥、陵水等沿海地区进犯。4月底，藤桥、陵水先后被日军占领，并建立了据点。

　　日军侵占海南岛南部后，便在这些地区开采铁矿，采矿需要大批劳工，日军除了从其他占领区整批整批抓来劳工外，又把魔爪伸向保亭、陵水、崖县及三亚的其他毗邻地区。

　　1940年5月15日凌晨，驻三亚日军派出多架飞机，对保亭境内进行轮番轰炸、扫射。第二天日军地面部队进攻保亭县城，并占领了县城。此后，日军先后在保亭境内建立了多处据点，同时强征大批劳工，并从劳工中挑选出年轻貌美的女性编入日军"战地后勤服务队"，充当日军的性工具。当年仅在保亭境内被日军抓去充当"战地后勤服务队"的黎、苗族妇女就有20人。邓玉民是其中的一位。

邓玉民口述：

1943年秋天，我和姐姐当了日本人的劳工，劈山开路，种植烟草和水稻。

一天，日军监工看我们几个年轻姑娘长得好看，就指着我们对翻译叽里咕噜说了些什么。当天傍晚，我和几个姐妹就被翻译叫了过去，要我们搬到粮食仓库那边去住，工作是筛米和装袋。

搬来的第二天，翻译把我带到日军长官住房。那个翻译称他松木先生，松木说我长得漂亮，要和我交朋友。我听不懂他的话，经翻译对我说了，我也不明白他的意图，就点点头表示同意了。当时我刚过16岁，而松木看样子有40多岁了。那天傍晚，翻译官又来找我，说松木先生叫我去。虽然我心里非常害怕，但我也不敢不去。翻译官把我带到松木的房间后，吱吱咕咕地说了些什么就走了。松木就拉我坐在他身边，才一坐下，他就把我抱到了怀里，我们苗族姑娘穿的是包襟长衣，没有纽扣，他抱住我，就用手在我的胸和下身乱摸乱捏。我很害怕，就拼命地反抗，但没有用，很快他就把我扒光强奸了我。第一次被强奸，很痛，回来后姐妹们问我发生了什么事，我只是哭，也不敢说出实情。

这之后，松木就天天叫我到他房间里去并强奸我。有时

白天，有时晚上。他每月都强迫我服几粒丸，说是预防病的。和我在一起的几个姑娘，她们也都和我一样。

两个多月后的一天，翻译官又把我带到了松木的住处，刚进门，就看到两个日军军官站在里面，松木不在。我想退出房间，但那两个军官却把门关上了，我想叫，他们就掌我的嘴巴。这两个日军军官把我轮奸了。

事过不几天，翻译官又找我，要我去松木的住处，我就说不去。翻译官就说，如果我不去，日军就会把我杀死，同时还要杀死我的姐姐和其他苗族人。这样，我就只好还是跟他去，去了松木就强奸，有时他还让别的日军轮奸我，我想逃出据点躲到山里，但又怕被日军抓住，被他们打死。

1945年8月底，据点里的日军官兵、日东公司里的日本人都手忙脚乱搬运东西，一车车运走。劳工没人管了，胆大的劳工背起行李往外走，也没有人过问。这时才知道日军投降了。我这才逃出虎口。

王玉开

（1921—2014）

海南省临高县人

2008年1月，我赴海南采访调查原日军"慰安妇"受害者。在临高县皇桐镇皇桐村，王玉开老人第一次公开自己"慰安妇"的悲惨身世。

王玉开口述：

我生于1921年，1941年初嫁到临高县皇桐村。1941年7月，日军占领海南岛，在皇桐村设立了日军军部，建起了炮台，设置了军事区，无恶不作。日军经常到各村抓走一些年轻人，到日军军部当苦力。一天，日军再一次到皇桐村抓人，当时我已怀孕5个月，因躲藏不及，被强行抓到日本军部。随后，我遭到多名日本鬼子的强奸。在被囚禁于日军军部的两个多月里，我被强迫给日本鬼子洗衣、挑水、做饭、打扫卫生，同时先后遭到20多名日本鬼子的强奸、轮奸，身体受到极大摧残，胎儿流产了，以后终生不育。

六、日军残酷蹂躏的西部山村
广西

1. 概述

日本政府在2007年4月21日的内阁会议上通过的一份答辩书中表示，日本政府接受远东国际军事法庭认定日军在第二次世界大战中在中国桂林强征当地妇女充当从军"慰安妇"的判决，对此没有异议。

据日本共同社报道，政府的这份答辩书是针对社民党议员元清美提出的有关"慰安妇"问题的质询而作出的。

再据冬树社1967年版的小吴行男《战场与记者》一书记载：1939年11月，日军攻克南宁，29日举行了入城式。此后日军第22军司令部便在广西各地设立了一批慰安所。根据原日军第5师团师团长今村的回忆，1940年2月

中旬时，有15个慰安所的业主，带着150个"慰安妇"到达南宁，驻屯该地的第22军的管理部长立即与第5师团长今村和近卫混成旅团旅团长樱田商谈，征用西式旅馆、学校、寺院和民屋开设慰安所，并分配了"慰安妇"的名额。为了能让官兵都能进入慰安所，第5师团副官建议，向部队的每个官兵发一枚慰安所入场券。日军台湾旅团在南宁设有大批的慰安所。

另据资料显示，日军占领桂林后，即以设立工厂的名义招募女工，结果这些被招募来的女工全部被日军逼迫做了"慰安妇"。

位于广西荔浦县马岭的日军慰安所旧址

2.受害幸存者口述

何玉珍

（1921—2014）

广西荔浦县新坪镇安民村人

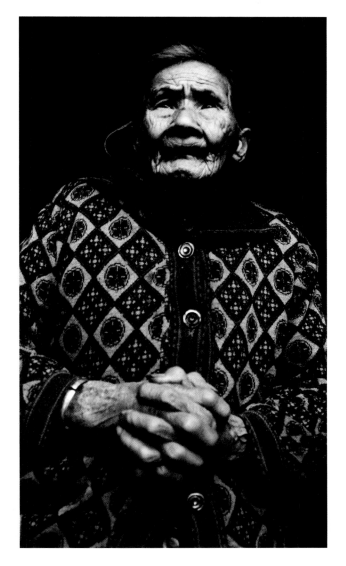

何玉珍口述：

我1921年6月21日生于广西荔浦县新坪镇安民村官岩屯，父亲叫何子然，母亲叫杨玉芬。大姐嫁到杜莫桥头屯，二姐嫁到荔城古城岩屯。10岁那年，我被接到邻村青龙屯给廖云才做童养媳。我18岁和他结婚，22岁生了一个男孩，到两岁半因病死亡。当时我又怀孕了，廖云才被国民党抓去当兵，我走投无路，只好把我母亲从官岩屯接到青龙屯和我相伴生活。1945年农历二月初二我生了第二胎是个女孩。四月初八孩子发高烧，四月初九清早，我去新坪给孩子买药，走到莲塘屯就被来扫荡的日本兵抓住。同时被抓的还有两个妇女和四个男的，关在莲塘学校。后来日军用索子绑着我们几个押到荔浦。当天晚上我们几个女的就被多个日本兵轮流奸污了。

我被日军抓去后，丢在家的小女儿没有奶吃，又加上重病，几天后就活活死去了。我母亲在家眼睛都哭瞎了。我被日军抓去四十多天，受尽了侮辱。后来我逃出来，又嫁给了龙显斌，十几年都没有生养。母亲双目失明在家没人照顾，家里又失火，母亲被烧死了。弟弟何承志看到家里的情景，精神错乱也上吊死了。日本强盗害得我家破人亡。

3."日本爹，你害得我好惨"

——"慰安妇"受害者韦绍兰和她"日本仔"儿子的控诉

2010年12月3日，被称"日本仔"的罗善学陪着他曾经是"慰安妇"的母亲韦绍兰，开始了他们第一次的日本之行。在十多天的日子里，母子俩出席了纪念"2000年东京女性国际战犯法庭"十周年集会，并先后赴东京"女性战争与和平资料馆"和静冈、京都、大阪等地，向日本社会诉说他们母子的悲惨身世，引起强烈反响。

1944年冬天，日军占领了广西荔浦县，在一次例行的"大扫荡"行动中，新坪镇桂东村25岁的韦绍兰背着1岁多的女儿跟随着村里人向村北的牛尾冲山上跑去。背着孩子的韦绍兰快要抵达山洞时，几个端着枪的日军士兵突然出现在她面前。

韦绍兰和孩子被日军抓住后，和另外6个妇女被拉上汽车，送到了日军军营，关进了一间狭小的泥土砖房里。

被抓进军营的第二天，"来了一个穿白大褂的，要我们脱光衣服，拿着听诊器在我们身上听，又把一个长管子塞进我那个地方"，韦绍兰比划着。通过"体格验证"后，韦绍兰开始了"慰安妇"生活。

"最初和我那个的日本人，嘴上有一撮胡须，他拿着刺刀逼我跟他睡，我害怕又不敢不听话，我还不敢哭，直到日本人离开房间，我才敢哭出来。"韦绍兰说，日本鬼子要发泄时，就向她们做一个脱衣的手势，有时是一个人在一个房间，有时是多人在一个房间。她一般一天要接受五六次奸污。

"他们大多数用套套，睡了我以后，套套就扔在地上，到时候一起拿出去烧。有的人不肯用套套，我也没办法……

有时候一个人来，有时候两个人来，有时候一起进来三个……"因为岁月久远，韦绍兰已不记得让她怀孕的士兵究竟是谁。强奸她的士兵，既有50岁的老兵，也有20岁出头的年轻人。

韦绍兰她们有时还会被军用汽车送到其他军营。平时她们不能出门，一日三餐后勤兵送到屋里，就连外出上厕所也有士兵跟踪。不管语言通不通，只要士兵进来，她们就必须起身，弯腰鞠躬，接着脱衣解扣，慢一点都会招来打骂。

不久，最让她恐惧的事情发生了。在军营里待了两个多月，韦绍兰的例假一直没有来，她知道自己怀孕了。

由于韦绍兰身材娇小，平时也比较听话，日军就慢慢地放松了警惕，韦绍兰则开始悄悄地察看地形，三个月后的一个深夜，她装做解大便带着娃娃从厕所边的一个小门七拐八拐地跑了出来，借着朦胧的晨光没命地朝着日出的方向逃跑，跑了两天才回到家里。丈夫罗讵贤正在吃饭，看见妻子，他愣了一下，对妻子说："快吃饭吧。"

此时，跑得双脚血肉模糊的韦绍兰才哭出声来，眼泪不停地往下掉。丈夫罗讵贤也哭了起来，一边哭一边对她说，不怪你，因为你是被抓走的，现在回来了就好。

几个月后，和她共患难的女儿病死了。第二年8月22日（农历七月十三），韦绍兰生下了罗善学。虽然心里同情妻子的遭遇，但罗讵贤看着不属于自己的孩子，听着村里人的风言风语，他感到了羞辱和仇恨。

"我当时很害怕，但仔细想一想，孩子是没有罪的。"生下孩子的韦绍兰，仿佛成了家族的罪人。她和儿子不仅得

忍受在外受气的丈夫的谩骂，还要承受村里人的白眼。

罗善学一直觉得自己来到这个世界是个错误。长期遭受歧视和被同龄人欺负，罗善学的性格渐渐变得内向、孤僻、易怒，不敢接近人多的地方，见到人他会紧张、心慌、害怕。

也因为"日本仔"的出身，几十年里罗善学孑然一身，至今找不到媳妇。有次，因为患上皮肤病没钱医治，罗善学上山挖了断肠草吃，想要自杀，结果没死成。

罗善学常常有想要发疯的感觉。"我恨妈妈，她为什么要把我生下来，让我受这么多罪。"

韦绍兰居住的广西荔浦县新平镇
桂东村小古告屯，是当年经常遭
受日军扫荡的地方，20岁的韦绍
兰在这里被日本兵抓走。

韦绍兰、罗善学母子在他们的家

2010年12月，韦绍兰在日本做巡回听证，控诉日本鬼子对她的性暴力罪行。

罗善学也会突然号啕大哭："我这辈子全完蛋啦！我是日本崽，连老婆都讨不到！"

"日本仔"罗善学，一颗"罪恶的种子"，一个侵略战争的牺牲品，从此跌入了他漫长、屈辱、凄惨的人生深渊。

2000年12月8日至12日，我赴日本参加了旨在审判日本二战期间性暴行的"东京女性国际战犯法庭"。作为国际道德审判的本次法庭，依照《海牙条约》关于战争罪、反人道罪，以及纽伦堡法庭审判和其他国际法庭的原则，判决日本政府有罪，判决昭和天皇有罪，并敦促日本政府向各国受害妇女谢罪赔偿。然而，判决后的十年过去了，一个个的受害妇女相继故去，日本政府却依然顽固不化，至今不承认这一战争罪行。十年后的法庭纪念，再次严明这一审判立场，更加系统完整地把日本的"慰安妇"制度罪行昭示于世界。而在亚洲无数个遭受日军性暴力的受害者中，韦绍兰和"日本仔"罗善学的悲惨人生遭遇，是至今仅存的最为典型的案例。

2010年12月6日，韦绍兰、罗善学母子到访日本国会，并向日本社民党党首、参议院议员福岛瑞穗和日本民主党众议院议员、日本战后补偿议员联盟石毛锳子亲手递交"请愿书"，要求日本政府正视历史罪行和带给他们母子的苦难，真诚地谢罪赔偿。

家境不好,韦绍兰艰辛度日。

名声不好,一直找不上媳妇的光棍汉罗善学靠给别人放牛过日子。

韦绍兰带罗善学指认当年关押自己的慰安所

在韦绍兰的记忆中，"日本"两个字一直是令她可怕的字眼。在飞往日本的飞机上，她始终陷在恐惧的情绪中。

2010年12月3日，韦绍兰和她的"日本仔"儿子罗善学从广州白云机场启程赴日本，踏上追讨公道的旅程。

2010年12月3日日本时间下午14时57分，韦绍兰、罗善学母子抵达日本成田机场，第一次踏上日本的土地。

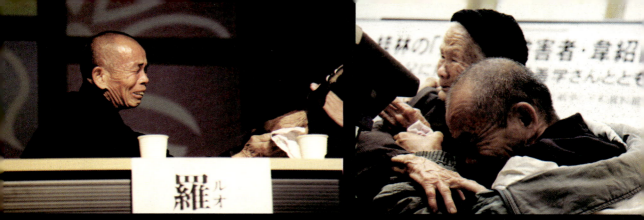

2010年12月7日，在"东京女性战争与和平资料馆"为日军性暴力受害者韦绍兰母子举行的听证会上，韦绍兰、罗善学母子述说悲惨人生，相拥痛哭。

2010年12月6日，韦绍兰、罗善学母子向日本社民党党首、参议院议员福岛瑞穗递交"请愿书"，要求日本政府还以公道。

七、日军“慰安妇”的供给地
天津

林伯耀，旅日华侨。自20世纪80年代始，他一直致力于日本侵华战争罪行及其战争遗留问题的调查和研究。其中他在《天津地区日军慰安所制度的建立及其实态》一文中，通过大量的历史档案史料，揭露了天津日军及伪政权利用妓女为前线日军提供“慰安妇”的内幕和罪证。

林伯耀长期坚持对日军性暴力罪行的研究

林伯耀:《天津地区日军慰安所制度的建立及其实态》（节选）

1931年11月8日，"九一八事变"后，关东军特务机关长土肥原贤二（1883—1948）利用流氓、汉奸，以租界为据点，制造借口，袭击了国民党政府机关（即天津事件）。从这时起，已经可以看出流氓黑社会组织和日本军互相勾结了。11月6日又发生了同样的事件（第二次天津事件）。关东军趁暴乱之机诱骗清朝末代皇帝溥仪从天津动身到伪满洲国，阴谋建立"满洲国"。

1933年，奉天特务机关长板垣征四郎来到天津，企图设立天津特务机关，分裂华北。1937年"七七事变"爆发后的7月30日，天津在日本处于压倒性优势的兵力下被完全占领。

此后，在日军军部眼中，天津就是他们对华北、华中实行治安、扫荡战的关键连接点，直到日本战败为止，始终都占有重要地位。

日军在华北地区扩大战线的同时，还在各战线设立了由军部直接管理的"慰安所"。尽管利用了各种各样的办法欺诈、蒙骗内地和占领地区的妇女并强行拉走她们，"慰安妇"仍然是供不应求。此时引起日军前线司令部注意的，就是在占领区天津的妓院里关押着的大量的中国女性，即妓女。本报告讲述的就是，作为占领政策的一环，日军是怎样利用现有妓女建立起性榨取体系，又是怎样通过傀儡政府和汉奸的斡旋，强行动员中国妇女做日军的"慰安妇"的，并列举天津的事例及调查结果加以说明。

日军"慰安妇"供给令

从正在执行治安战、扫荡战的日军前线部队转来了新设

及增设慰安所、希望派遣"慰安妇"的请求。日军天津防卫司令部一获得该请求，马上对天津特别市政府下达供给令。"慰安妇"是天津特别市政府市长的直接主管事项。市长对警察局下达调集令，警察局再对天津乐户联合会下达妓女供给令。

供给令一下达，警察局保安科立即召集乐户联合会的有关人员协商供给办法等，并将结果上报天津防卫司令部主管军官，征得同意后，对各个妓院实行摊派，或者发出供给劝告。而对被送往前线的妓女发给家属特别补贴、抵押债务、偿还债务等款项，实际上并非从日军那里拨给，而是从天津乐户联合会下属妓院的妓女收入里抽成摊派，然后再由天津乐户联合会收集汇总。说穿了，就是从那些免于沦落为日军前线的"慰安妇"的妓女收入中榨取来的。摊派的金额因妓女的等级而异。

除了这些前线慰安所以外，还有为暂时驻扎天津部队开设的临时慰安所。1945年以鼓舞士气为由开设了天津日军防卫司令部直属慰安所、东站会馆等。

下达给日军前线部队、天津临时慰安所、东站会馆的"慰安妇"的供给令附带了下列条件。即除人数、派遣日期、期间以外，还要求妓女本人容姿端庄漂亮、没得性病。另外作为军方所给的待遇，对妓女本人供给面粉，对其家属配给粗粮。妓女本人赴前线的旅费、伙食费、住宿费由军方负担。衣服、化妆品、日用品、医药品、面粉也由军方供给。嫖妓费用虽然也由军方拨付，但很可能入了与妓女同行并负责监督任务的天津乐户联合会的人的腰包了。

这个"慰安妇"供给令由天津防卫司令部通过天津特别市政府警察局传达到联合会以后，妓院经营者就立即强行动员那些因欠债过多而卖身的妓女去应征。"应征"妓女必须要在指定的医院接受身体健康检查。对这些应征、接受检查的妓女，由受妓院经营者委托的流氓监督。实际上这些妓女往往要么是被警察局或流氓抓捕或强逼就范的，要么是被老板、伙友蒙骗来的。进行性病检查时，最后一个阶段一定是由日本的军医监督实施。当应征者太少时，他们就进行强征，例如，当时天津一个有名的流氓头目王士海就率领他的"别动队"的流氓组织，到处抓妓女，把她们绑架到医院，强迫她们接受医院的检查，或将诱拐的一般女性送给日军。日军对交战敌国的"慰安妇"是极其残酷的。妓女们由于知道这一点，也由于民族感情的原因，所以拒绝去做。有时，对那些检举出来的暗娼、私娼，作为惩罚把她们送到医院和慰安所去。性病检查合格的女性就继续在日军或是傀儡政府的监视下等到被送往前线。这期间，不愿被送往前线做"慰安妇"的妓女们就故意喝下有毒的东西弄伤身体，或趁看守不注意之际逃走。还有的拿了傀儡政府的钱之后逃之天天。即使是在送往前线的途中，或即使是被送到了前线，妓女们仍然抓住一切机会设法逃走。有些妓女的亲属担心其女儿的生命安全，随同妓女一起被送往前线。他们也设法与其女儿一起逃离魔爪。据当时的报告书记载，送往河南日军前线部队的"慰安妇"，86名妓女中有8人因病被送回天津，43人逃走。

据看见当时现场情形的人说，那些妓女们被傀儡政府警察、流氓连拉带拽地装上卡车。她们大声哭骂着被送往前线。其中也有人企图逃跑，从卡车的高台上跳下，结果摔断了手脚。有的正好摔到要害部位，就那么死掉了。附近目睹此情此景的中国人对那些妓女们是既同情又可怜又没办法。

供给河南日军驻扎部队的妓女的情况

1944年5月，河南前线驻军部队向天津日军防卫司令部提出了希望派遣150名"慰安妇"的要求。天津防卫司令部立即于5月30日发出命令，要求天津特别市政府提供"慰安妇"。这时候防卫司令部的附加条件是"期限为一个月，欠债抵押为妓的和有领家的还可以还其自由之身"云云。天津特别市政府马上向负责管理天津乐户联合会的警察局发出指示，命其选派150名妓女。警察局保安科来仲威股长与乐户联合会负责人周通培一起巡视各分会，督促分会供给妓女。在报给来仲威上级的报告书中写道："对于那些受领家虐待、因债务抵押为妓并愿意报名者，已经劝其自5月31日开始到警察医院接受检查。"关于供给目的，报告书中写道"是为了慰劳日军，繁荣市场"。

实际上到警察医院接受检查的妓女达229名之多。其中180名发现患有梅毒、淋病及其他重病，合格者仅101人。

这些妓女本是"自愿"来的，在合格者公布的第一夜却有13名从警察医院逃走了。而对能够告发逃亡者并拒绝劝诱其他人逃亡的妓女，当局认为其"深明大义，值得称赞"，并因其有功而免于被送往前线。报告书说，"六月一日早晨，妓女薰某某报告说，昨晚妓女石某某等劝她一起

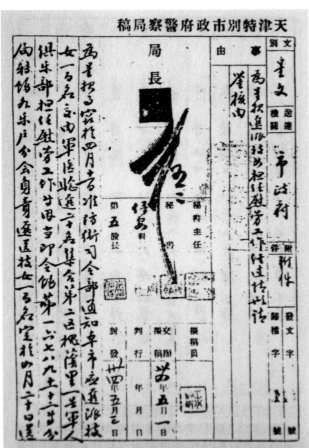

天津防衛司令部より市内の軍人クラブへ100名の妓女より選抜して、20名の「慰安婦」を供出せよとの命令にもとづいて、妓女を選抜する経過を伝える警察局長から周天津特別市市長への報告書（1945年5月3日）

妓女派遣は「大東亜全面聖戦成功への協力の為であり、一地区のことにこだわってはならない」との天津防衛司令部高森副官の訓辞を伝える警察局保安科第五課課長から科長及び局長への報告書（1945年7月31日）の一部

天津地区关于日军"慰安妇"供给的报告书等文件

逃走，她没答应。那些人企图越墙逃走。赶紧查点人数一看，王某某、李某某、于某某(北辰班)、石某某(福元班)、李某某(天泉班)、王某某(德福班)、王某某(三福班)、郡某某(桃源班)、赵某某(双福班)、张某某(庆祥班)、刘某某(富贵班)、刘某某(孚中班)等十二名已经不见了踪影。告密的妓女薰某某被认为深明大义应受称赞，而免于送往前线"。

此时，有两个妓女患了急性肠胃病被认为已经不能前行。另外，出发前还有一个妓女被认为是突然患了重病不能动身。看起来似乎是妓女们自己喝下有毒的东西或异物，即使冒着弄垮身体的危险也拒绝上前线（据妓女接受采访的口述）。还有人用钱买通傀儡警察，以达到不去前线的目的。在妓女杨某某给天津特别市警察局的誓约书中这么写道：

开始，我被选中赴河南，但是在警察医院等待派遣时，想不到突然发生了急性胃炎，现在刚刚出院。这既不是托熟人说情，也不是使钱作弊，实在是因为疾病所致而不能成行，以上事情发誓为真。

杨某某
六月七日
住所:惠中四楼九二号

性病检查时在警察医院由中国医师实施，之后再由日本的出崎军医进行细致的进一步的检查。

出发之际，妓女们分乘4辆卡车，中井进军曹和10个日本兵负责警戒，警察局第二分局和第十二分局也以"保护"的名义派出傀儡警察充当警备。在天津车站，警察总队也派出1名分队长和10名担当警卫的任务。

既然被说成是"自愿"来的，那么如此这般的"保护"不是太过分了吗？这只能认为是日军和傀儡警察害怕妓女逃走，从而采取了极严密的监督管理措施。此时，根据中井进军曹的命令，有两名中国警察同行到北京。

来仲威股长在妓女临行时发表训话安慰她们说："一个月以后就能回到天津了，如果有什么不满的话，可以直接找本局报告，一定会为你们解决。"难道妓女们能相信那一个月能回来的话吗？对那些被送往前线的妓女来说，天津警察局又怎么会成为可以倾诉自己不满和解决手段的依靠呢？如果说有的话，那么又怎么会发生后面提到的"集体逃亡"呢？

在此附上来自警察各分局管理妓女数目表的一部分。从被送往河南的86名妓女的名单可知她们的平均年龄为23岁，年纪最小的16岁，年纪最大的36岁。超过30岁的只有7人，大多数是由10多岁和20多岁的女性构成的。另外，因欠债为妓的有47名，由此推测，剩下的39名就是非欠债为妓的了。所谓非欠债为妓的，指的是"自混妓女"，或"本家妓女"。妓女们欠债的总额为当时的联银券47000元。

妓女欠债的抵押和偿还

从1944年6月1日的天津特别市警察局写给市政府的报告书中可以看出，妓女们欠债抵押数目与乐户联合会调查的结果是一致的，且报告书就其偿还方法还提议如下:即被派往前线慰劳日军的，属于某一分会的妓女，其欠债总额由所在分会属下各妓院经营者平均分担，另外规定，不能从妓院妓女个人那里凑钱分担，已经派遣妓女的妓院不摊派此款项也可等等。

也就是说，天津防卫司令部对应征赴前线慰劳的妓女，答应"恢复其自由"。但妓女原来欠的债不是由日军支付，而是由妓院经营者平均分摊的。而且对于妓院经营者来说，如果不派遣妓女的话，要负担分担款，蒙受金钱上的损失，如果提供了妓女，不但原来的欠债一下子都能得到偿还，反而还可以免除分担款。实质上，这就是"胡萝卜加大棒"的政策。通过这个政策不难看出，日军是极其渴望妓院经营者能够卖力地帮助其向前线提供妓女的。

虽然公文书中写着，不可以从妓女个人那里摊派，但是实际上老板们似乎仍然用"献纳费"等名义从妓女那里进行征收。其证据是，在那之后再征集妓女时，妓女的分担金根据妓女所属的等级而异。另外，在偿还方法上，那个应征妓女如果不属于某妓院而是单独在旅馆营生，则所在分会的所有在旅馆从事同样营生的妓女都要人人均摊费用。结果这些费用到头来还是变成了从妓女那里均摊而来的。警察局好像也知道这一点。警察负责在现场监督债务的偿还手续。当然，不必说乐户联合会和妓院老板深有瓜葛，也不难想象，围绕派遣妓女这件事，老板和傀儡警察之间肯定存在着种种暗中交易。

集体逃走

据1944年6月20日警察局保安科科长递交局长的报告书中得知："六月十五日，李从警察医院打来了电话，说日军天津防卫司令部田边军曹带来了因病遣返的8名妓女、同时带来了逃走的42名妓女以及留在河南鄢城的36名妓女的名簿，故特此报告。"被遣回的8名妓女中有一个叫做叶某某的，是那年3月在苏州被人拐卖到天津的。报告还说，叶本人不想回妓院。另外，6月1日，北支派遣军第一八〇〇部队片山支队一个叫胜村清一郎的士兵来到警察局传话，说前几日在派往河南的妓女中有个叫赵某某的妓女，在列车的链接部位弄伤了腿，住进了郑州兵站医院，现在由她母亲看护，希望派人去接。

笔者认为这个女性就是后来提到的、新中国建立后检举揭发李万有的赵氏。从附在控诉书后面的照片看，她的右腿已从根部被切断，可见伤势极重。而警察局的报告却轻描淡写地说成是负伤而草草了事。另据妓女胡某某的控诉书，列车到达北京时，许多妓女想趁机逃走，其中一人被日军用枪射死了。窑主杨草亭在自供状中也承认确有其事，所以日军对逃亡妓女开枪射击的事实是存在的。但是在警察的报告书里却找不到记载。那么，是日军没有报告给傀儡警察呢，还是警察局尽管知道此事，但恐怕追究自己的责任，而没有向上级汇报呢？

还有前边提到的报告书中写到："关于逃走的42名妓女，其欠债抵押将不予偿还"。这则妓女集体逃亡的消息附上逃亡者的名单6月24日由警察局上报天津特别市市长张仁蠡。为此，张市长对警察局下达了严厉命令，要求立即查清并报上逃亡妓女及家属的去向。从调查令可以想象出，逃亡妓女和其随行家属的行动是"背叛盟军的行为",所以随时发现随地采取应有的处罚。

从天津出发还不到半个月,已经有近半数的妓女集体逃走。由此来看,来仲威股长向上级递交的报告书里所说的,妓女们自愿到警察医院接受检查的内容,完全是欺人之谈。

向天津市日军"军人俱乐部"提供妓女的情况

1945年4月11日,日军天津防卫司令部对天津特别市政府发出指示,要求向天津市内的日军"军人俱乐部"派遣20名"慰安妇"。为此,12日,天津特别市政府警察局保安科第二科刘信言股长和第五科的来仲威股长拜访了天津防卫司令部,拜见了北支派遣军第4201部队的副官儿玉茂吉陆军大尉和该部队的平户义次陆军少佐。此时日军提出如下关于提供"慰安妇"的要求:

1. 选拔人数:20名

2. 派遣地点:本市第五区界内

3. 选拔条件:

年龄相当,身体健康,容貌美丽,最好没家庭

4. 待遇:

除身上穿用的衣服以外,全部由军队供给;

妓女每人每月供给面粉一袋,其家属供给小米4斤;

可以购买便宜的日用品

5. 军队的检查:4月20日上午10点在警察医院进行

6. 由乐户联合会派男管事1名、厨师和杂役各2名

按照该命令,警察局又指示乐户联合会从第一、第十一两个分局各选出20名,从第十二分局选出10名,命令她们4月19日到警察医院接受检查,次日又在同一医院接受了日本军方的检查。得到第4201部队副官儿玉大尉合格认定的仅有5人。为此,日军要求在全市范围内选拔100名,4月25日再次在警察医院接受检查。由于接受检查的人数太多,警察局急忙于20日傍晚与全市妓院代表李步云等10人,管理妓院的七个分局的保安组长以及警察医院的王玉如主任等人一起开会商讨对策。最后决定,如果能在全市登记的2938名妓女里选拔出100名的话,正好是30名里选1名。基于这个比例,各分局分摊了选拔人数。即第一分局36名、第六分局4名、第七分局3名、第八分局12名、第九分局8名、第十一分局13名、第十二分局24名。4月25日除去因病不来的,共有97名在警察医院接受了检查。经过儿玉大尉、出崎军医、警察医院院长等的检查,结果,染某某等34名妓女检查合格,其名单立即上报给日军天津防卫司令部。4月28日防卫司令部德本文官乘车来到警察医院,将除去生病的刘某某之外的33名,又送到属于第十一分局内秋山街的同仁会妇女医院,让其接受第三次检查,选出了张某某等20名,当日下午送到了第二区槐荫里一号的军人俱乐部。由当时军人俱乐部的管理人木村点名后接收。此外,乐户联合会还派遣监督人李长富、1名厨师和2名杂役到军人俱乐部去。

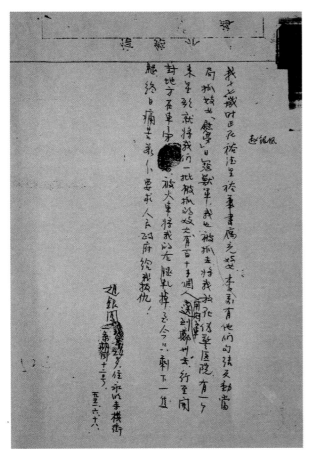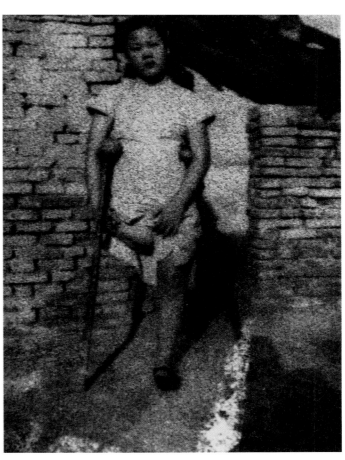

文章中提到的赵某某。作为被送往河南的妓女之一,她从火车上跳下逃跑时被车轮轧断了一条腿。

原妓女赵某某检举李万有

我17岁时在裕德里的裕华书寓当妓女。那里的鸨母是个非常可怕的人,每天像生活在地狱里一样,真是苦不堪言。更有甚者,万恶的李万有勾结反动政府,为日军献纳妓女。这是对受尽压迫的妓女的一大罪恶。如果李万有不抓我作为慰安品提供给日军,我的腿也许就不会被火车轧断,现在我变成了独腿残废,每天都痛苦不堪。这都是李万有造成的。政府啊,请一定替我报仇雪恨。

赵某某(指纹)

永明寺横街一条胡同十二号

1951年6月18日

八、日本“慰安妇”制度践踏下的宝岛

台湾

1. 概述

1942年，日本政府首次在台湾募集台籍志愿兵，1945年初实施全面征兵。当时台湾全岛人口600万，前后被征调入伍者约30万人，战死者3万余人。日军更以提供工作机会、改善家庭生活名义，用欺骗、利诱及强迫等手段，将至少两千名的台湾年轻女性送至东南亚各地成为日军性奴隶。

在台湾，慰安所的设置北以艋舺、西门町、北投为主要集中区，南则多在台南新町。当时，台南的小梅园慰安所，是日军神风特攻队出发前必去寻欢的场所；嘉义朴子东亚楼也是日军指定的慰安所。1944年战事吃紧后，台湾各地都设有日军特攻队，慰安所也大量增加。从文献资料来看，日军在台招募“慰安妇”的方式主要通过掮客等，以“担任护士”和“从事食堂工作”等名义诱骗或迫使受害妇女充当日军性奴隶。据台湾学者初步估计，台湾“慰安妇”受害人数可能在1200名以上。她们年轻美貌，却落入日军虎口，沦为性奴隶，痛苦终生。

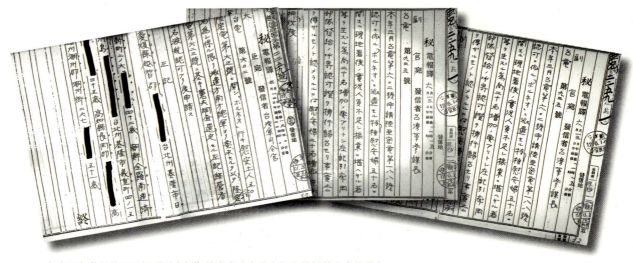

台湾军参谋长关于强征“慰安妇”的密电（台北市妇女救援基金会提供）

"慰安妇"卢满妹的年轻照

"慰安妇"高宝珠的年轻照

"慰安妇"寅娇的年轻照

"慰安妇"李玉串的渡船证，证明日本军方介入台湾"慰安妇"招募。

2.受害幸存者口述

黄阿桃年轻照

黄阿桃

（1923— ）

台湾中坜客家人

第一位公开控诉日本性暴行的台湾受害幸存者黄阿桃

黄阿桃口述：

我小时候因家里穷，无法上学念书，在家煮饭，帮助照顾弟妹。父亲管我们很严，不敢谈恋爱，所以我20岁的时候还未婚。1942年的一天，看到一张到南洋做看护妇的布告，我朋友找我一起去报名。那时候因战争的关系，呆在田庄也没有工作，男女都有可能被调到海外，有工作需要我们时，我们都很愿意去。一对日本男女带我们从高雄出发坐船到印尼去。到了当地我们才知道是要做"慰安妇"的工作，很愤怒地去找那一对日本男女吵架，却没办法回家。日本人以"为国劳军"的名义要我们安慰军人。

2000年12月8日，黄阿桃（前右一）和台湾的性暴力受害者出席"东京女性国际战犯法庭"。

第一次被日本军欺负时，流血了，伤心地用布包起来，想要拿回家给父母亲看。每天被迫接客二十多个军人，白天是士兵晚上是军官，不能得到休息。有的日本兵喝了酒会打我们。被日军发泄心里很痛苦，每次都是眼睛一闭，咬紧牙根撑过去。有一次想逃走，又被宪兵抓回营区，怨恨也没办法，夜夜哭泣。在印尼时得过疟疾、盲肠炎开刀，右眼被炸弹碎片嘣瞎，腹部受伤子宫被拿掉，日子实在苦不堪言。后来因为战争扩大，三年后我才回到台湾。

第二节 日军在东南亚等其他国家的性暴力

1. 概述

　　1941年12月太平洋战争爆发后，日军占领区域扩大，慰安所的设置范围也从中国大陆扩大到了香港、台湾、新加坡、缅甸、印度尼西亚群岛、菲律宾、马来西亚、越南、东印度群岛、太平洋东部诸岛、日本本土等地。

　　这一时期的日军"慰安妇"，除了从中国、朝鲜、日本强征来的性奴隶外，还包括东南亚当地的妇女，甚至在东南亚各地的西方妇女、在东北的俄罗斯妇女也难逃厄运。

韩国"慰安妇"受害幸存者

朝鲜"慰安妇"受害幸存者

印度尼西亚"慰安妇"受害幸存者

菲律宾"慰安妇"受害幸存者

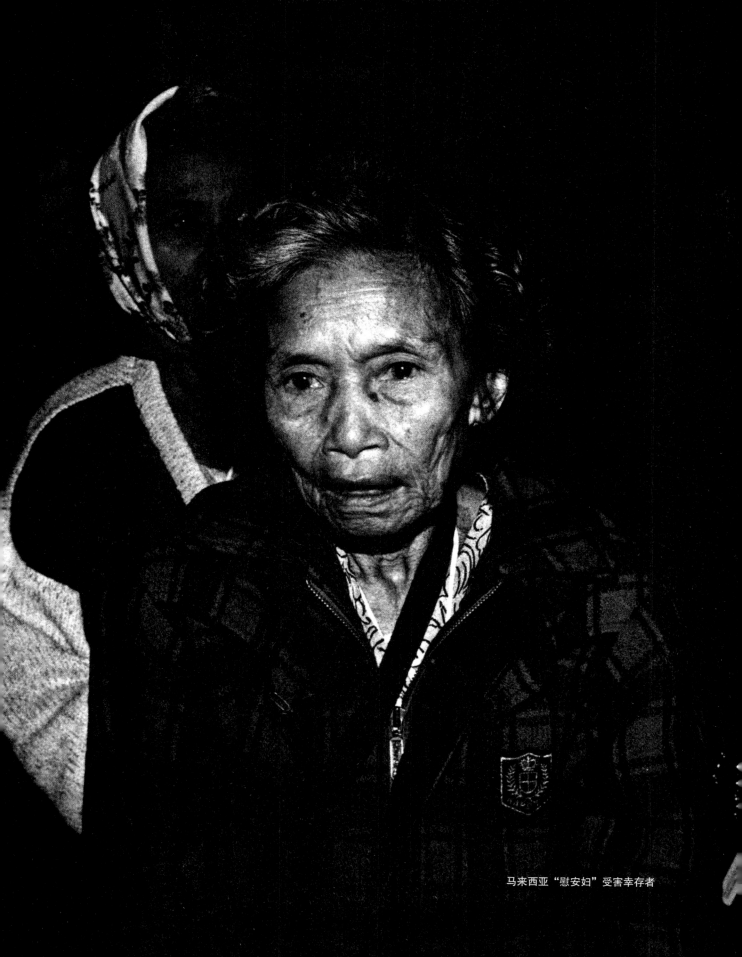

马来西亚"慰安妇"受害幸存者

2.受害幸存者口述

雅恩·鲁普·沃海勒耐
（1923—）
荷兰人

　　出生于荷兰的殖民地——印度尼西亚的爪哇岛。她的父亲是一名技术人员，在普兰塔寻农场工作。沃海勒耐曾经是在一个幸福和睦的家庭中快乐成长的美丽少女，但1942年3月，她和母亲一起被侵略爪哇岛的日本军队强行抓到了安巴拉瓦的强制收容所。在收容所中艰难度过三年半时间后，她又于1944年被抓到了军队"慰安妇"收容所(Comfort station)。

　　"对于女性来说，第一次性经历具有很重大的意义。但我的第一次却是性暴力，而且还是在'慰安妇'收容所中……根本无法用语言来表达这些遭遇给我的人生留下的屈辱和精神创伤。"

　　她起初以为，如果自己看起来很丑陋，男人就不会感兴趣，所以她把满头秀发都剃光了。但这反而使她成了日本军人好奇的对象。据说，甚至连日本医生也加入了性暴力的行列。

　　在地狱般的"慰安妇"收容所中度过了三个半月后，沃海勒耐的身心完全崩溃，后来她被转移到了普通收容所。经历同样的遭遇、身体完全崩溃的100多名荷兰女性被收容在那里。日本军方警告她们说："如果你们把这件事泄露出去，就会被杀死。"这种地狱般的收容所生活终于在三年半以后，因日本战败而宣布结束。

　　"从'慰安妇'收容所中返回以后，我如实对母亲讲述了自己经历的事情。母亲听后悲伤绝望地搂着我痛哭，同时嘱咐说，千万不要对任何人说这些事。我向她答应这

样做。"

　　沃海勒耐把一直秘密保管的，记录自己在收容所中遭遇的文章寄给了两个女儿。女儿们读了母亲的手迹后，痛苦不已，并来到母亲那里搂着母亲痛哭。

　　"你问我怎么克服这么可怕的经历？我现在还经常做噩梦。说克服，其实是不可能的事情。这种痛苦会一直跟随到我死。对我来说，战争还没有结束。"

　　后来，沃海勒耐不断参加在世界各地举行的"慰安妇"

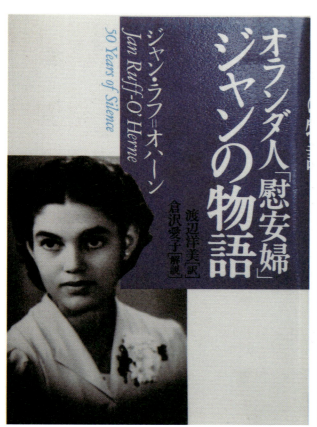

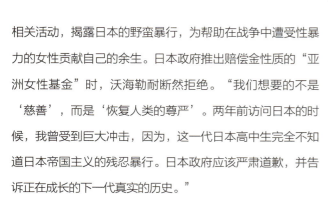

记述荷兰"慰安妇"受害幸存者雅恩·鲁普·沃海勒耐的一本书

2000年12月12日，日本东京青年会馆。出席法庭作证的雅恩·鲁普·沃海勒耐听到对日军性暴力罪行的判决，高兴得欢呼起来。

相关活动，揭露日本的野蛮暴行，为帮助在战争中遭受性暴力的女性贡献自己的余生。日本政府推出赔偿金性质的"亚洲女性基金"时，沃海勒耐断然拒绝。"我们想要的不是'慈善'，而是'恢复人类的尊严'。两年前访问日本的时候，我曾受到巨大冲击，因为，这一代日本高中生完全不知道日本帝国主义的残忍暴行。日本政府应该严肃道歉，并告诉正在成长的下一代真实的历史。"

当年战争结束以后，沃海勒耐在收容所内遇见了丈夫鲁普。他是驻当地的英国军人，在日本帝国主义战败后，执行保护收容所免遭恐怖分子袭击的任务。他们在英国生活，然后于1960年移民澳大利亚。

2007年，美国议会举行了有史以来第一次"日军慰安妇听证会"，沃海勒耐与身为"慰安妇"受害人的两位韩国老妇一起出席并提供证言。

第四章
2000年"东京女性
国际战犯法庭"纪实

第一节　2000年"东京女性国际战犯法庭"概述

2000年12月8日，日本东京。一场世纪末的审判在这里拉开序幕。

在当年侵略者的国土上，充满血腥的日军"慰安妇"制度及其性暴行在被掩盖和推卸了半个多世纪后，终于揭开了它罪恶的面纱。从世界各地赶来的遭受二战时日军暴行的受害妇女将打破沉默，对那一时期日军的罪行进行血泪声讨。

二战期间，日本侵略军推行的"慰安妇"制度，是20世纪人类的灾难和耻辱。这一制度是日本军国主义违反人道主义、违反两性伦理、违反战争常规的政府犯罪行为。据各国学者研究、调查，在亚洲各国起码有40万妇女沦为"慰安妇"，惨遭日本军侵略蹂躏，而中国是最大的受害国。日军在中国22个省、直辖市和自治区设立数以百计的慰安所，有20万妇女被摧残。

2000年"东京女性国际战犯法庭"，是一些非政府组织和人权组织针对日本侵略战争对女性的性奴役、性摧残而设立的民间法庭。它既不隶属于某个国家，也不隶属于任何政府机构。虽然它不是司法意义上的审判，但是其审判程序和人员组成严格依据法律规范，体现了审判的严肃性和民众的良知与义愤。这次审判受到很多国家和地区的重视，其中有中国"慰安妇"问题研究中心、朝鲜太平洋

2000年"东京女性国际战犯法庭"在东京九段会馆举行

战争受害者及原"慰安妇"赔偿对策委员会、韩国挺身队对策协议会、菲律宾亚洲妇女人权中心、中国台北妇女救援基金会、印度尼西亚妇女联盟、马来西亚"慰安妇"援

2000年"东京女性国际战犯法庭"现场

助网、缅甸"慰安妇"援助网等。法庭的任务是在道义上完成战后远东军事法庭所未完成的使命，即对日本政府及其军队在二战时期实施的"慰安妇"这一性奴隶制度进行彻底的审判，敦促日本政府承认这一战争罪行，向受害国和地区进行正式谢罪，并尽快对死难者和幸存者进行谢罪和赔偿。

担任本次审判的国际咨询委员会由美国、英国、法国、加拿大、墨西哥等国家的学者和法律专家组成，聘请了著名的国际法律顾问。法官和检察官由加害国日本和受害国以外的专家组成，其中包括国际女性法律家联盟会长卡门·阿吉贝、联合国人权公约委员会副议长、印度前最高法官P.N.Bhagwati，前南斯拉夫国际战犯法庭首席法官加布瑞勒·科克·麦克唐纳等。

日本当地时间12月6日，麦克唐纳代表"女性国际战犯法庭"的法官团和部分受害妇女举行了首次记者招待会。在回答记者提问时，麦克唐纳表示，专门针对二战中日本侵略军"慰安妇"制度罪行的国际审判，在历史上还是第一次。这次审判的准备活动从几个月前就已经展开，首先由日本一些妇女学者和历史学家发起，随后得到了世界各国法律工作者、历史学家和当年日本军国主义性暴力受害者的广泛响应。主办单位之一、"战争与对女性的暴力"日本网络负责人松井耶依表示，20世纪是充满了战

出席会议的法官：（自左至右）国际女性法律家联盟会长卡门·阿吉贝，英国伦敦大学国际法教授克里斯廷·钦肯，本法庭首席法官、前南斯拉夫国际战犯法庭首席法官加布瑞勒·柯克·麦克唐纳，肯尼亚人权委员会委员长、肯尼亚大学教授威利·芒廷夹。

出席会议的检察官：本法庭首席检察官、前南斯拉夫国际战犯法庭检察官及种族犯罪法律顾问帕蒂斯·凡赛尔（右三），澳大利亚弗里德兹大学国际法教授蒂娜·多尔葛波尔（右二）。

2000年12月7日，法庭举行预备会议。法官、检察官和各国代表团团长出席预备会，通过了有关章程和会议议程。

2000年12月7日晚，各国受害妇女及与会代表一千多人举行"前夜祭"大型纪念仪式，依次走上为已故受害妇女搭起的灵堂，向所有遭受日军性迫害的死难者献花至悼。

"前夜祭"纪念仪式上，与会者高歌"和平颂"，表达他们谴责战争、追求世界和平的共同心声。

争和对女性暴力的世纪，其中，太平洋战争中日军的性奴隶制度，将许多亚洲女性作为"慰安妇"进行虐待，是本世纪最大规模的战争犯罪。进入90年代以来，许多受害女性打破近半个世纪的沉默，对日本政府发起了损害赔偿的诉讼，要求阐明真相、正式谢罪、国家补偿和惩处责任者等。但令人遗憾的是，日本政府始终不承担任何法律责任，使日本侵略军犯下的罪行至今无法在日本通过正常法律程序受到惩治。伴随着时间的流逝，一些高龄的性暴力受害妇女在哀怨无望中离开人世。

松井说，在20世纪最后一个月份举办"女性国际战犯法庭"的活动，就是要呼应受害女性们"不惩罚责任者就无法恢复名誉与尊严"的诉求。该法庭的目的是明示日本军"慰安妇"制度对女性的战争犯罪，同时要求日本政府结束对战时性暴力不处罚的政策，防止此类事情的再发生。

审判于2000年12月8日日本时间上午10时在东京九段会馆开庭。

据"东京女性国际战犯法庭"统计发表的数字，中国大陆此次代表团成员28名，中国台湾63名，各国代表团成员以韩国最多，共有220名，朝鲜11名，菲律宾42名，印度尼西亚16名，东帝汶6名，荷兰3名，马来西亚7名，另外旁听者1300余人。

会场前排就座的是受害国家代表，其中来自各国的原"慰安妇"共有64人。来自中国的原告有万爱花、袁竹林、杨明贞、何君子、郭喜翠、李秀梅6名。

几天内，来自中国、韩国、朝鲜等国家的原"慰安妇"受害者分别出庭作证，她们以各自的凄惨经历和血泪之声，控诉日军暴行，一致要求追究日本政府的责任。

"前夜祭"纪念仪式上，朝鲜舞蹈家专门创作的舞蹈，表达对死难的受害女性绵绵的哀思。

2000年12月8日上午9时，法庭的主审法官和检察官走上主席台，并依次介绍与会代表，全场响起雷鸣般的掌声。

主审法官和检察官在法庭上亮相

12月9日上午，中国检察官提起公诉，控告日本政府、裕仁天皇以及日军将领。中国受害者万爱花、袁竹林、杨明贞出庭作证并提出四点请求：

第一，确定被告构成战争罪和反人道罪；

第二，要求日本政府公开、正式谢罪；

第三，赔偿已故受害者每人2000万日元；

第四，要求日本政府在日本本土为所有性奴隶制度受害者树立慰灵碑。

在法庭控诉的过程中，三位老人回忆到当年遭受日本侵华士兵在肉体和精神上的惨无人道的摧残情景时，一个个止不住老泪纵横，几至气绝。71岁的万爱花更因悲愤过度突然晕倒，被紧急送往医院抢救。

各国的检察官对日本在二战中所犯下的性暴力、奴役、谋杀、酷刑等罪行进行了起诉，并将日本的昭和天皇诉为性暴力、强奸罪的主要罪犯。法庭认为性犯罪是日本军国主义罪行的一个重要组成部分，并起用当时的国际法对其进行指控。

审理期间，除75名幸存者代表出庭作证、旁听外，两名当年的日军士兵及多位专家学者也出庭作证，另有许多日本人自发地向法庭提供了珍贵的历史证据。

12月12日，"女性国际战犯法庭"移师东京青年会馆，于上午9时再次开庭。由4名国际知名的法学家任法官、40多位检察官、书记员组成的法庭显得庄重严肃。4名法官依次介绍了此次法庭的宪章原则和取证结果，并指出妇女人权无论在任何时期都应该得到国际社会的普遍尊重。法庭认定二战中日本在亚洲国家及这一地区的欧洲殖民地强制征召了约20万妇女充当日军随军"慰安妇"的事实，并指出1946年前后的远东国际法庭等审判没有涉及"慰安妇"问题，据此五十多年来日本政府拒绝承认这一事实，也拒绝对"慰安妇"受害者进行正式赔偿。法庭指

来自美国的前南斯拉夫国际战犯法庭首席法官、2000年"东京女性国际战犯法庭"首席法官加布瑞勒·柯克·麦克唐纳在接受记者采访时说:"从来自中国、中国台湾、朝鲜、韩国、菲律宾、印度尼西亚、马来西亚、东帝汶等受害国(和地区)受害者的法庭作证,以及法庭的充分调查说明,日本在二次世界大战中强制征召大量妇女充当日军'慰安妇'的事实,以及日军大规模的性暴力行为,是人类历史上最为罕见的对女性人格尊严奴役摧残的行为,本法庭必将进行严厉的追究。今天的国际社会不应无视'慰安妇'受害者的声音,要还之以正义,让受害者度过幸福的后半生。"

日本众议院前议长、社民党党首土井多贺子看望各国受害妇女并发表重要讲话，呼吁法庭秉持正义，严厉追究日本在二战中迫害女性的战争罪行，还她们以公道和尊严。

土井多贺子和李喜翠、袁竹林等6位中国受害老人亲切握手，表示慰问。

出，今天国际社会不应无视"慰安妇"受害者的声音，要还之以正义。法庭指出，"慰安妇"的起源是1932年日本侵占中国上海后设立的一种制度，1937年全面侵华后，日军开始推广这一制度。特别是在"南京大屠杀"期间，日军不仅滥杀无辜、抢夺财物，还进行了大规模的性犯罪。所以日军在南京是大屠杀与大奸淫同时进行。此后日军在朝鲜半岛及在东南亚战场将性奴隶制度化。特别是在抗战激烈的地方，日军的强奸、轮奸犯罪也最为激烈，仅在中国台湾就有两千名妇女被征为"慰安妇"，现仍有70多人幸存于世。许多"慰安妇"战后处于贫困状态，身心所受到的极大伤害难以抚平。

据此，法庭大法官麦克唐纳宣判：根据海牙法庭禁止伤害个人及家属尊严、禁止奴隶制度和本次审判宪章中规定的对女性犯罪将依据战争罪、人道罪及其他国际法裁定的原则，并依据纽伦堡法庭审判的原则，判决日本当时的昭和天皇和日本政府犯有违反人道罪。法庭的判决被长时间的掌声打断，前排就座的中国、朝鲜、韩国等国家的"慰安妇"代表站起来大声欢呼，一个个激动得热泪盈眶。最后，法庭宣布了对日本政府的劝告：要求日本彻底谢罪，承担法律责任并保证不再重犯同样的罪行；采取法律措施对受害者进行赔偿，赔偿金额应与其行为及诚意相符；应迅速公开战争中侵犯人权的历史资料；为恢复受害者的尊严，日本应设立专业图书馆、纪念碑等设施；改革教育制度，设立特别奖学金，帮助受害者家属；要求联合国负责监督日本的赔偿。法庭宣布将于2001年"三八妇女节"之日下达正式判决书。

来自世界各国的数十家新闻媒体参加了2000年"东京女性国际战犯法庭"的报道

此间分析人士指出，虽然"东京女性国际战犯法庭"是民间法庭，没有法律约束力，但它反映了国际社会的良知和道德，对国际反战运动、对恢复和提高妇女地位，特别是在宣传教育人民和揭露日本军国主义罪行方面将产生深远的、不可估量的影响。

正义的法庭也同时刺痛了日本右翼分子的神经。靠近靖国神社的九段会馆外边，每天都有右翼分子开着宣传车，打着"慰安妇不是强制"的标语，手持喇叭冲着会场高声叫骂，妄图冲击会场。与会代表以及日本和平势力同他们进行了面对面的斗争。

2000年12月12日，参加"东京女性国际战犯法庭"的亚洲日军性暴力受害妇女涌上主席台，欢呼法庭的正义判决。

第二节 2000年"东京女性国际战犯法庭"加害者证言

铃木良雄

（1920—）

曾任日军第12军第59师团110大队步兵炮中队曹长

日本埼玉县行田市人

1. 铃木良雄

铃木良雄口述：

（1）和恋人的离别

在村里，我是个品行方正的"模范青年"。小学时的成绩是第一名，在青年团也是个领导，在青年学校上学的五年中接受了军事教育。当兵之前，我正在大米加工厂上班，已经订了婚，但不得不因此和恋人离别。

（2）前往禹城的慰安所

我所属的部队，经常出去讨伐有八路军根据地的激战区。虽然几乎所有的士兵都会去慰安所，而我和恋人经常地通信，想起她的时候，我就暗下决心："绝对不去慰安所。"

但是到了1944年，"反正是要战死的，那就像普通人一样玩玩女人再死吧"。有了这样的心态，我就走进了慰安所。有一个朝鲜"慰安妇"名叫MISAO，我每晚都溜出兵营，偷偷地跑到她所在的那个慰安所去，她曾经哭着跟我说，她进到慰安所是被人以招募护士的名义骗来的。

（3）强奸

虽然禁止强奸，但在敌性地区的扫荡战中，强奸是少不了的行为。目的不仅仅是为了满足性欲，可以为所欲为地征服对方，这种压制感的满足才正是强奸。

我曾经强奸过一次。那是1944年末，在我们小做休息的村落里，我作为班长对部下们说："你们想怎么干就怎么干去吧"，解散了他们，我也就单独寻找女人去了。找到一个30岁左右女人的时候，她躲在猪圈里，身上涂满了粪便。我却反而情欲亢奋，把她拽进仓房，扒光她的衣服就强奸了。

(4) 想把战争的实态原原本本地告诉大家

我之所以坦白并反省自己在战地犯下的战争罪行，是因为中国的战犯管理所把我当一个人来尊重，人道地对待我。强奸这类的罪行，尽管无人知晓，我也可以隐瞒过去，但我受不了良心的苛责，我坦白了一切。

我20岁当兵，最后因为不被（中方）起诉而回到（日本）舞鹤的时候已经36岁了。但我的恋人却一直等我等了整整十六年！回国后我们马上结了婚。尽管经过了一段时间，我还是把战场上的事情全部告诉了她。虽然妻子听完后说"你还不如一直瞒着我呢"，但她理解了我，至今都在支持着我。

回国以后，我们这些老兵建立了"中国归还者联络

铃木良雄反省自己的战争罪行

会"（中归联），进行证言和反战、和平活动，把事实原原本本地告诉世人。这对于大家理解那场战争究竟是什么是极为重要的，我们决不能再次犯下那样的错误。

战后，铃木良雄作为日军战俘被送进抚顺战犯管理所服刑。他的梅毒病日渐严重，中国医生予以精心治疗，给了他第二次生命。1956年释放回国后，铃木积极参与中日和平友好事业，做了大量有益的工作，先后四次访问中国，并受到廖承志同志的亲切会见。

2. 金子安次

金子安次
（1920—2010）
日本千叶县人
曾任日军第53旅团44大队机关枪中队伍长

金子安次口述：

（1）思念母亲

我在被征入伍之前，在东京不富裕地区的铁匠铺当学徒。当兵的事情定下来以后，我去了一趟吉原的游廓，出发的两天前，当我对妈妈说"我一定会让你看到我当上上等兵"，却挨了妈妈的骂："混蛋，军衔顶什么用，你一定得给我活着回来！"当时我还想着，到了这种时候怎么还如此不会说话，可是上了前线，脑子里浮现的却只有母亲的声音。

（2）为"巡回慰安妇"担任警戒任务

昭和十七年，当部队从东昌开拔到阳谷县的时候，我所接受的任务，是担任三个随军的"巡回慰安妇"的警戒。这些女的是朝鲜人，当我跟她们因为警备的问题闹矛盾时，她们就说："谁愿意跑到这样的鬼地方来！"

第一次去慰安所是第二年，当我在临清县的时候。那里有三家慰安所，当我走进其中的一家"燕子楼"，居然看到了日本女人。我当时勃然大怒："这哪是大和女子该来的地方！"她却告诉我："我丈夫战死在上海事变中，我只能独自养活两个孩子和我妈妈呀。"结果我只好什么也没干就那么回去了。

（3）强奸就如家常便饭

成了入伍三年的老兵之后，强奸就成了理所当然的事情。扫荡的时候，中队长他们的目标是夺取敌人的武器，

金子安次（前右）等在临清县慰安所的合影（金子安次提供）

当兵的目标则是女人。当时的想法就是："反正搞不好哪天就会战死，还不如趁活着的时候随心所欲。"一等兵的薪水是8.8日元，而逛一趟慰安所就要花1.5日元，但是强奸则是一文不花就可以办得到的。

在部队唯一的快乐就是性交和甜食。昭和18年，6个当兵的在村里抓到了一个二十一二岁的女子，大家用抓阄的方式来决定轮奸的顺序，我也是其中之一。虽然陆军刑法也是禁止强奸的，但对长官而言，部下犯了强奸罪只能说明军官的管教无能，所以长官就视而不见。

（4）我要不断诉说自己的加害体验

战败后，我被关进中国的抚顺战犯管理所，得到了认罪、反省的机会。花了三年时间才提笔开始写供述状，把它写完却花了六年时间。尽管回到日本后被作为"在中国被洗脑的战犯"而遭到歧视，吃了不少苦头，但中国把我们当做人来对待，这种感谢之情至今不变。

结婚不久后，我就对妻子说了自己的过去，她好像很有些受不了，但她无言地为我的中国谢罪之旅筹集费用，并让我作为一种赎罪去照顾中国来的留学生。在妻子面前，我是永远抬不起头的。我们这些从战犯管理所出来的人一起建立了"中国归还者联络会"，持续地向社会发布我们的加害证言，对我而言，这是对遇难死者的一种供养。只要还有一口气，我会不断发出自己的声音。

第三节 2000年"东京女性国际战犯法庭" 受害者证言

1.朴永心

在2000年"东京女性国际战犯法庭"审判中的受害者作证过程中，一个"慰安妇"受害者，一组尘封的"老照片"，一段震撼人心的青春浮沉，将一段悲惨的人生经历昭然于世。这就是关于朝鲜籍"慰安妇"受害者朴永心的故事——

我手头保存着这样一张照片：一张记录二战中日军"慰安妇"事实的"经典"老照片。

照片中右边的那位叫朴永心（1921—2006）。她是被迫随军的朝鲜籍日军"慰安妇"。照片摄于1944年9月3日，记录了即将临产状态下的"慰安妇"朴永心。或许

摄于1944年9月3日。图为朴永心（右一）等4名"慰安妇"被俘后的照片。当时，朴永心即将临产，事实上已胎死腹中。（美国国立公文书馆藏片）

朴永心裸照（朱弘提供）

是历史的巧合，2000年12月6日，距这张发黄的历史照片被发现五十六年之后，在日本东京，我见到了79岁的朴永心。她将出席东京"女性国际战犯法庭"，见证自己那段屈辱的历史。

1921年12月15日，朴永心出生在朝鲜平安道南江西郡的石二洞。她有两个哥哥、一个妹妹，很小母亲就去世了。作为长女，朴永心不得不和父亲一起分担家庭生活的重担。朴永心14岁的时候，到一个叫愉净洞村的服装店当佣工。

1938年初，日本巡查前来招募年轻的女性，说是"如果到工厂工作，能赚到更多的钱"。朴永心和其他16名贫苦家庭的女孩怀着美好的愿望去应招。同年夏天，她们来到了南京的叫做"キンスイ楼"（淑玉楼）的慰安所。朴永心被送进二楼的19号房，门上贴着名字和编号，她的门上贴的名字是"歌丸"。

就这样，朴永心开始了她的"慰安妇"生活。每天被十多个日本兵轮番强暴，她曾经进行反抗，结果被士兵用军刀砍伤脖子，刀疤终生留在朴永心的脖子上。她的7个伙

2000年12月6日，朴永心走向"东京女性国际战犯法庭"作证。

云南龙陵松山大垭口慰安所旧址

朴永心来到松山当年所在的日军慰安所旧址（朱弘提供）

伴先后死去。

1941年太平洋战争爆发，朴永心等8名"慰安妇"随着日本军南下，从新加坡来到了缅甸首都仰光，后来又到中部重镇腊戌一个叫"**イッカク楼**"的慰安所。她的艺名改为"若春"。

"之后，我们又被带到位于中缅边境的松山，也就是日军的拉孟守备队。这里是日军的最前沿阵地，每天都遭到炸弹和迫击炮弹的轰炸。"朴永心说。

1944年9月7日，中国远征军全歼了这里的日本守军，朴永心也就是在这里被俘获并被拍摄下来那张著名的"大肚子慰安妇"的照片。

1946年4月，朴永心由中国归还回到朝鲜。

云南腊勐乡大垭口慰安所，就是朴永心当年待过的慰安所。

大垭口慰安所系由侵华日军第15集团军第56师团第113联队开办。开办时间由1942年5月至1944年9月，历时两年多。慰安所设在腊勐大垭口，系抢占民房开办，房屋已毁于战火。该所有"慰安妇"二三十人，其中有日本、朝鲜、中国妇女，年龄大多为十八九岁至二十四五岁，还有被抓去的当地青年妇女。该慰安所由日军直接管理，有门岗，由日本妇人当领班。"慰安妇"不准外出，每个房间都有编号牌，日军凭票入内，对号入房。"慰安妇"们有时每人每天需接待日军10多人。中国"慰安妇"不准穿中国服装，不准说中国话，由日本人教说简单的日语，说中国话就要遭到毒打。

朴永心出庭

该所"慰安妇"，在中国远征军攻克松山时，有的死在战壕里，有的被俘，被俘者后来遣送到了昆明俘虏集中营。

腊勐乡大垭口为当年松山阵地的一部分，在山峦的西侧，日军在部队营房的旁边设立该慰安所，规模还颇大。1944年，战争后期日军战事紧张，还命令"慰安妇"到战壕中接受"慰安"。

该慰安所现在为农民田地。龙陵县政府于1991年12月在此立碑，上书"松山战役主战场遗迹　侵华日军慰安所（军妓院）遗址"。

2.万爱花

万爱花

（1929—2013）

内蒙古和林格尔县韭菜沟村人

1937年由人贩子卖到山西盂县羊泉村作童养媳

万爱花口述：

"1943年，我们村遭日本鬼子扫荡，我被抓进日军窑洞里，白天遭毒打，晚上遭轮奸。就这样被折磨了21天，我逃了出来。不料几天后，又被日军抓进据点，被蹂躏轮奸29天。我又一次逃跑，可不幸的是，我第三次被日本兵抓住，遭到更野蛮的轮奸，昏死过去几天没有

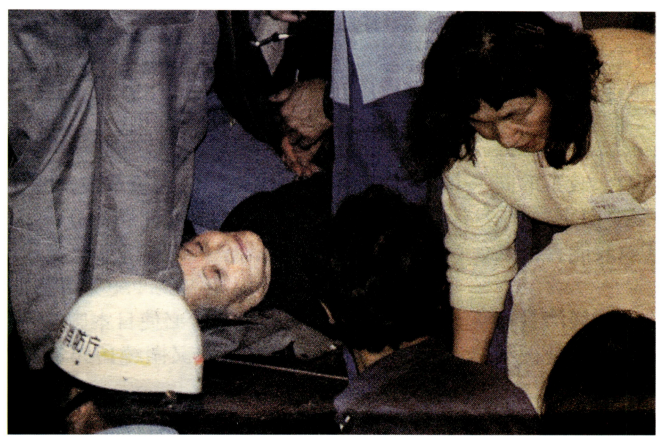

万爱花在法庭作证中气昏过去（录自东京女性战争与和平资料馆）

苏醒。日本兵以为我死了，就把我扔到村边的河里，被好心人救了出来才没有死掉。"

日军惨无人道的性暴力使万爱花身体极度变形，在床上躺了整整三年不能起床，165厘米的身高萎缩为147厘米，落下终生后遗症，丧失生育能力，给老人的身心造成极大痛苦。

自1992年以来，万爱花先后6次到日本东京、大阪等地，出席国际听证会和控诉大会，并于1998年10月30日，与其他9位受害妇女一道，状告日本政府对其造成的性暴力伤害，要求其谢罪并给予经济赔偿。

万爱花是第一位站出来揭露并状告日军性暴行的中国受害妇女。

3.袁竹林

袁竹林
（1922—2006）
湖北武汉人

　　袁竹林自幼家贫，15岁与首任丈夫结婚。1941年至
1942年期间，由于丈夫失踪，18岁的袁竹林为谋生计养
活老父及女儿蓉仙，被骗往武汉鄂城为旅馆洗衣服及做
杂务，到达后被强行带到慰安所充当"慰安妇"。期间
父亲病死、女儿饿死，她的身心受到严重摧残，除被毒
打外，更曾因为怀孕而被迫堕胎，以致日后不孕。

　　其后曾被一日本军官独占，并要她陪酒陪宿。之后与
一位厌战逃役的日本军人相爱，逃跑匿藏成功共同生活；
但二次大战后该军人回国，袁竹林不愿相随而分开。24岁
时领养了一名养女（唤"小毛"），并迫于生活与其他男
人结婚，几段婚姻都因为不同原因离异收场。

　　李碧华《烟花三月》一书详细记述了袁竹林悲惨而屈
辱的人生遭遇。

　　袁竹林晚年（1989年后）在武汉独居，2006年3月
29日于广东湛江养女家中因脑溢血辞世，享年84岁。

　　在临终前的八年，袁竹林有感当年所受的屈辱，于
1998年8月挺身而出，于香港向传媒透露当年的惨痛
经历，要求日本公开道歉及赔偿；并在多个不同组织协
助下，多次到香港及外地控诉日本侵华期间的罪行，包
括：

　　1998年：出席世界抗日战争史实维护联合会（史维
会）在多伦多举行的第三次大会

　　1998年：到日本驻香港大使馆请愿

　　2000年：出席"东京女性国际战犯法庭"对日军二
战期间"慰安妇"制度的公开审判

　　2001年：到香港出席史维会与香港城市大学中国研
究中心合办的"亚太区日本战争罪行见证大会"

　　2005年8月：出席"香港维护二战史实联席会议"
的"日本战后责任"研讨会

　　她曾先后多次向日本东京地方法院、国际审裁署提
出诉讼，作为"慰安妇"罪行的控方证人，要求日本政
府承认事实、并向曾受迫害的妇女谢罪及赔偿，誓言
"只要活一天就要控诉一天"，却被日本政府以追诉时
效已过为理由多次驳回诉讼请求。

袁竹林（中）出席"东京女性国际战犯法庭"作证

第四节　2000年"东京女性国际战犯法庭"判决

东京女性战争与和平资料馆展示的2000年"东京女性国际战犯法庭"判决裕仁天皇及东条英机等军部人员罪行的图片

天皇裕仁
Emperor Hirohito

大日本帝国国家元首であるとともに、統帥権を持った帝国陸海軍の大元帥。陸海軍の最高司令官（天皇の政治権力は、日本政府の立法権、司法権、行政権から独立し、かつそれらの上位にあった）。台湾総督、朝鮮総督は天皇に直属していた。

天皇裕仁は、有していた権限等から判断すると、日中戦争・アジア太平洋戦争において、日本軍が侵略した中国・東南アジアなどの全地域、朝鮮・台湾などの植民地、ならびに日本（沖縄を含む）において、日本兵らの地元女性に対する強かんが横行していることを知るべき理由があり、かつ、そのような違法行為を防止、抑止、処罰するための必要で適切な手段をとる義務があったがそれを怠ったことにより、上官責任を負う【判決831項】。強かんの代替策と称して慰安所制度が急速に拡大されていったこと、慰安所制度の中で強かんと性奴隷制が行われていたことを知るべきであったにもかかわらず、慰安所制度が戦争遂行に果たす重要性のため、黙示的あるいは積極的に慰安所制度の存在と拡大を承認するという関与をしていたことにより、上記のすべての地域における慰安所での被害者に対して、人道に対する罪としての強かんと性奴隷制の個人責任を負う【判決832項】。

経歴
1921年11月～	摂政
1926年12月～1989年 1月	天皇

東条英機
TOJO Hideki

日中戦争期から太平洋戦争期にかけて4年にわたって陸軍大臣として、慰安所政策を遂行した陸軍の責任者。「台電第六〇二号」（1942年3月12日）には、南方軍の要請に基づいて、台湾軍司令官が「慰安婦」をボルネオに送り出すことを陸軍大臣東条英機宛に許可を求めたことが明記。また「陸亜密電第一八八号」（1942年3月16日）には、それを受けて陸軍大臣の命を受けた陸軍省副官が台湾軍参謀長に対して許可したことが明記。更に、総理大臣であった時期には、戦争遂行にかかわるすべての省の行動を検討し、天皇に上奏する立場にあり、そうする義務を負っていた。

東条英機は、陸軍大臣に就任した1940年7月以降44年7月まで、日本陸軍が侵略した全地域における慰安所での強かん及び性奴隷制被害者に対して、この制度に故意に関わり、かつ、部下の犯罪を防止しなかったことから、個人責任及び上官責任を負う【判決808～811、813項】。

経歴
1937年 3月～1938年 5月	関東軍参謀長〈中国東北部〉
1938年 5月～12月	陸軍次官
1940年 7月～1941年10月	陸軍大臣
1941年10月	陸軍大将
1941年10月～1944年 7月	首相（この間、陸軍大臣を兼任、一時期、内相、軍需相も兼任）
1944年 2月～1944年 7月	参謀総長（首相と兼任）
1948年12月	A級戦犯として処刑

板垣征四郎
ITAGAKI Seishiro

中国において慰安所が組織的に開設されていく時期の陸軍の責任者。中国全土を管轄していた支那派遣軍の総参謀長。この時期、中国各地に慰安所が設置されていった。第七方面軍司令官の時期、司令部のおかれたシンガポールでは、敗戦直前まで慰安所が開設され続けていた。

板垣征四郎は、中国（1938年6月～1941年7月）、朝鮮半島（1941年7月～1945年4月）、東南アジア（1945年4月～敗戦）における慰安所での強かん及び性奴隷制の被害者に対して、この制度に故意に関わり、かつ、部下の犯罪を防止しなかったことから、個人責任及び上官責任を負う【判決808～811、813項】。

経歴
1936年 3月～1937年 3月　関東軍参謀長
1936年 4月　陸軍中将
1937年 3月～1938年 5月　第五師団長〈広島→中国〉
1938年 6月～1939年 8月　陸軍大臣
1939年 9月～1941年 7月　支那派遣軍参謀長〈中国全土〉
1941年 7月　陸軍大将
1941年 7月～1945年 4月　朝鮮軍司令官〈朝鮮〉
1945年 4月　第一方面軍司令官〈朝鮮〉
1945年 4月～敗戦まで　第七方面軍司令官〈シンガポール・マレー半島・ジャワ・スマトラ〉
1948年12月　A級戦犯として処刑

梅津美治郎
UMEZU Yoshijiro

慰安所開設、「慰安婦」の送り込みについて、陸軍次官として推進した。1941年の関東軍特種演習（対ソ戦を想定した軍事動員）の際に、大量の「慰安婦」を朝鮮総督府に依頼して集める。中国東北部（旧満州地域）での慰安所設置管理の最高責任者。

梅津美治郎は、中国（1937年末～1938年5月）及び旧満州地域（1939年9月～1944年7月）における慰安所での強かん及び性奴隷制の被害者に対して、この制度に故意に関わり、かつ、部下の犯罪を防止しなかったことから、個人責任及び上官責任を負う【判決808～811、813項】。

経歴
1936年 3月～1938年 5月　陸軍次官（陸軍中将）
1938年 5月～1939年 9月　第一軍司令官〈中国北部〉
1939年 9月～1940年 7月　第二五軍司令官〈中国北部〉
1940年 8月　陸軍大将
1942年10月～1944年 7月　関東軍総司令官〈中国東北部〉
1944年 7月～1945年10月　参謀総長
1948年11月　A級戦犯として終身刑宣告
1949年 1月　死去

山下奉文
YAMASHITA Tomoyuki

シンガポールとマレー半島の占領を担当した軍司令官。その指揮下の部隊が、強かんを行ったり、慰安所を開設した。また、米軍の反攻を控えた時期にフィリピン全体の日本軍の司令官に赴任。その指揮下の部隊により、マバニケ事件を含めて多数の住民虐殺や強かんなどが引き起こされた。

山下奉文は、フィリピンのマバニケにおいて1944年11月23日に発生した集団強かんの被害者に対して、第一四方面軍の司令官として、自身の指揮下にある部隊が強かんを含む暴力行為を犯すであろうことを知っていたか、または知る理由があったにもかかわらず、それを統制する権能を行使しなかったことにより、上官責任を負う【判決864～870項】。また、強かん及び性暴力を含む犯罪が行われる責があることを知りながら、マバニケに対して行われたような攻撃を「比島防衛計画大綱」の公布によって命令、煽動、認可、幇助、または奨励し、かつ、指揮下にある第一四方面軍の師団長にマバニケに対する「封山作戦」を認可したことから、マバニケの集団強かんの被害者に対し、個人責任を負う【判決871～873項】。

経歴
1938年 7月～1939年 9月　北支那方面軍参謀長〈陸軍中将〉〈中国北部〉
1941年 7月～11月　関東防衛軍司令官〈中国東北部〉
1941年11月～1942年 7月　第二五軍司令官〈マレー半島〉
1942年 7月～1944年 9月　第一方面軍司令官〈中国東北部〉
1943年 2月　陸軍大将
1944年 9月～敗戦まで　第一四方面軍司令官〈フィリピン〉
1946年 2月　アメリカの戦犯裁判により処刑

小林躋造
KOBAYASHI Seizo

台湾女性を「慰安婦」として中国や東南アジアに送り出した台湾行政の責任者。「支那渡航婦女ニ関スル件」（1938年11月4日）（警察資料）には、中国南部における第二軍の要請に基づき、陸軍省と内務省警保局の担当者が協議し、各府県知事と警察、台湾総督府に案を選定して女性を集めさせ、中国南部に送り出すことを決めたことが記されている。

小林躋造は、台湾（1936年9月～1940年11月）における慰安所での強かん及び性奴隷制の被害者に対して、この制度に故意に関わり、かつ、部下の犯罪を防止しなかったことから、個人責任及び上官責任を負う【判決808～811、813項】。

経歴
1936年 9月～1940年11月　台湾総督〈海軍大将〉〈台湾〉
1944年12月～1945年 8月　国務大臣
1945年12月　巣鴨拘置所入所
1947年 9月　釈放

畑 俊六
HATA Shunroku

慰安所設置が拡大展開された時期、中国中部を担当した日本軍の司令官。この地域での慰安所設置の責任者。その後、陸軍の最高責任者として中国における慰安所設置を推し進めた。中国に派遣された日本陸軍の総司令官の時期、中国全土において慰安所設置、女性の拉致監禁、強かんなどの性暴力が繰り返された。また本土決戦準備にあたって指揮下の部隊で慰安所が設置されていった。

畑俊六は、中国中部（1938年2月～1938年12月）、中国全土（1939年8月～1940年7月、1941年3月～1944年11月）における慰安所での強かん及び性奴隷制の被害者に対して、この制度に故意に関わり、かつ、部下の犯罪を防止しなかったことから、個人責任及び上官責任を負う【判決808～811、813項】。

経歴
1936年 8月～1937年 8月　台湾軍司令官（陸軍中将）〈台湾〉
1937年 8月～1938年 2月　教育総監〈1937年11月陸軍大将〉
1938年 2月～12月　中支那派遣軍司令官〈中国中部〉
1939年 5月～ 8月　侍従武官長〈天皇の側近〉
1939年 8月～1940年 7月　陸軍大臣
1941年 3月～1944年11月　支那派遣軍総司令官〈中国全土〉〈1944年6月元帥〉
1944年11月～1945年 4月　教育総監
1945年 4月～10月　第二総軍司令官〈西日本〉
1948年11月　A級戦犯として終身刑宣告
1954年10月　仮釈放（1958年4月刑先除）

松井石根
MATSUI Iwane

南京攻略戦の責任者。その攻略戦ならびに占領下において、指揮下の部隊によって多数の強かん事件が起こされ、慰安所が組織的に設置されるきっかけとなった。当時、松井が司令官を勤める中支那方面軍が慰安所開設を命令した。

松井石根は、南京を含む中国中部（1937年10月～1938年2月）において、占領戦中に頻発した強かん事件が問題化した後、設置した慰安所での強かん及び性奴隷制の被害者に対して、この制度に故意に関わり、かつ、部下の犯罪を防止しなかったことから、個人責任及び上官責任を負う【判決808、809、849～852項】。

経歴
1937年 8月～12月　上海派遣軍司令官〈陸軍大将〉
1937年10月～1938年 2月　中支那方面軍司令官〈中国中部〉
1937年10月～　東支那方面軍司令官〈中国中部〉
1946年 3月　巣鴨拘置所入所
1948年12月　A級戦犯として処刑

安藤利吉
ANDO Rikichi

中国南部に派遣された第二一軍司令官当時、日本本土や台湾から送り込まれてきた「慰安婦」を軍司令官として受け入れ、女性たちを指揮下の部隊に配置させた。また、台湾軍司令官として、台湾から女性を集め「慰安婦」として東南アジアに送り出した。

安藤利吉は、中国南部（1938年11月～1940年10月）及び台湾（1941年11月～1945年9月）における慰安所での強かん及び性奴隷制の被害者に対して、この制度に故意に関わり、かつ、部下の犯罪を防止しなかったことから、個人責任及び上官責任を負う【判決808～811、813項】。

経歴
1938年11月～1940年 2月　第二一軍司令官（陸軍中将）〈中国南部〉
1940年 2月～10月　南支那方面軍司令官〈中国南部〉
1941年11月～1945年 2月　台湾軍司令官〈台湾〉
1944年 1月　陸軍大将
1944年 9月～1945年 9月　第一〇方面軍司令官〈台湾〉
1944年12月～敗戦まで　台湾総督〈台湾〉
1946年 4月　上海監獄で自決

寺内寿一
TERAUCHI Hisaichi

中国北部を占領した日本軍の司令官。日中戦争開始後、北支那方面軍は慰安所設置を機械的に推し進めた。また、東南アジアを占領した日本陸軍の総司令官。南方軍総司令官として「慰安婦」を送り込むことを陸軍省に依頼するなど、組織的に慰安所設置をすすめた。

寺内寿一は、中国北部（1937年8月～1938年12月）及び東南アジア一帯（フィリピン、マレーシア、インドネシア、東ティモール）（1941年12月～敗戦）における慰安所での強かん及び性奴隷制の被害者に対して、この制度に故意に関わり、かつ、部下の犯罪を防止しなかったことから、個人責任及び上官責任を負う【判決808～811、813項】。

経歴
1936年 3月～1937年 2月　陸軍大臣（陸軍大将）
1937年 2月～ 8月　教育総監
1937年 8月～1938年11月　北支那方面軍司令官〈中国北部〉
1941年11月～1945年11月　南方軍総司令官〈東南アジア全域〉
1943年 6月　元帥
1946年 6月　レンガムで病死

2000年“东京女性国际战犯法庭”判决，日本制定和推行的性奴隶“慰安妇”制度，是严重的战争犯罪行为，日本裕仁天皇（即昭和天皇）及东条英机、松井石根、冈村宁次、梅津美治郎、板垣征四郎等军部人员负有直接的责任，故判决有罪。（录自东京女性战争与和平资料馆）

第五节　2000年"东京女性国际战犯法庭"海牙终审篇

2001年12月3日至4日,在"东京女性国际战犯法庭"初审一年之后,该法庭的终审判决在国际法院所在地——荷兰海牙举行。法庭的目的是:第一,受理日军在亚洲各国实施军队性奴隶制度的各类起诉,明确日本政府及其军队在这一问题上的责任;第二,依照战时国际法,检证日本性奴隶制度是否犯有战争罪、反人道罪;第三,明确对于国际社会十分关注的"慰安妇"问题,日本政府必须采取何种措置;第四,创立反对在战争中对女性施行暴力的国际运动;第五,终结过去战时对女性暴力不受处罚的历史,并防止此类犯罪的再发生。

出席终审判决的有加布瑞勒·柯克·麦克唐纳主法官,卡门·阿吉贝法官,克里斯廷·钦肯法官,威利·芒廷夹法官,总检察官是来自美国的联合国前南斯拉夫国际法庭顾问帕带斯·凡赛尔和来自澳大利亚弗里德兹大学的蒂娜·多尔葛波尔。法庭国际委员会(IOC)的共同代表松井耶依(日本)、尹贞玉(韩国)和英代(菲律宾),以及中国大陆、中国台湾、韩国、朝鲜、荷兰、印度尼西亚、马来西亚、菲律宾、东帝汶等地代表出席了活动,还有十多位原日军性奴隶制度受害者。中国大陆有三位代表来到了海牙:IOC的中国代表苏智良、检察官周洪钧教授等。

12月3日上午,终审判决开始,首先由总检察官对日本在二战中所实施的性奴隶制度、对女性的强暴等罪行进行起诉,然后各国家、地区代表作了回顾与陈述,顺序为韩国、朝鲜、中国大陆、菲律宾、中国台湾、东帝汶、印度尼西亚、荷兰、日本、马来西亚和泰国。

中国大陆检察官周洪钧教授代表中国作了介绍。中国诉状指认的被告分为两部分,一为团体被告,即日本政府。中国诉状指出日本政府在日本侵略战争中,在中国的日军占领地建立了各种形态的慰安所,实施了大规模的性奴隶"慰安妇"制度;二为个人被告:裕仁(即昭和天皇)、松井石根、冈村宁次、朝香宫鸠彦王、谷寿夫和中岛今朝吾,他们在建立、推行和扩大"慰安妇"制度中犯有严重的战争罪行。除了列举大量的证据外,中国方面还展示了录像资料,最后介绍了中国大陆受害幸存者的状况和她们的要求。一年来,中国大陆的"慰安妇"受害者中有两位去世,她们是山西的张五召和上海的郭亚英。

4日上午,四位法官宣读判决书,英文版判决书长达260页。主审法官依次介绍了本次法庭的宪章原则和取证结果,并指出妇女人权无论在任何时期都应该得到国际社会的普遍尊重,然后法庭认定了日本在第二次世界大战

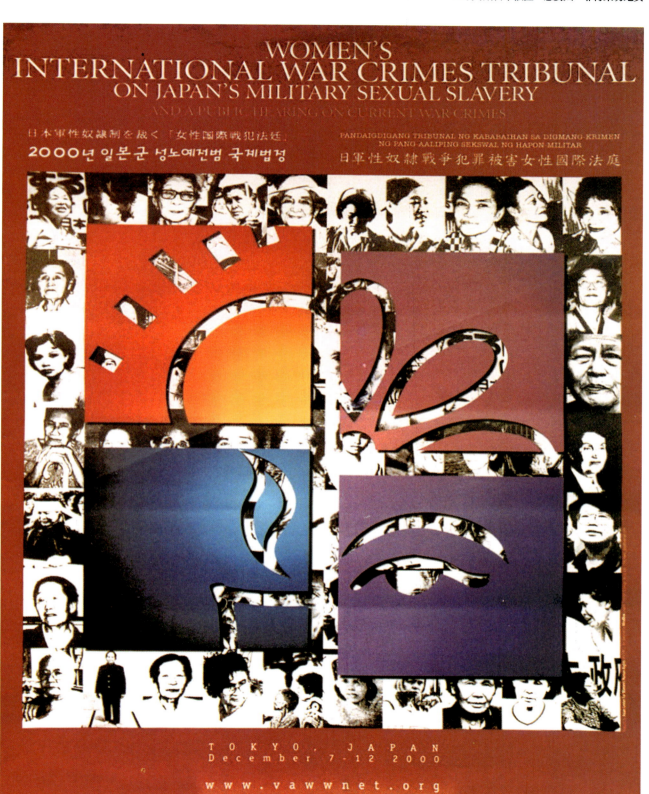

2000年"东京女性国际战犯法庭"宣传画

中，在亚洲一些国家和地区强制征召大量妇女充当日军的随军"慰安妇"的事实。法庭指出，遗憾的是1946年前后的远东军事国际法庭等审判没有涉及"慰安妇"问题。五十多年来，日本政府拒绝承认这一事实，也拒绝对"慰安妇"受害者进行正式赔偿。但今天的国际社会不应无视"慰安妇"受害者的声音，要还之以正义，让受害者度过幸福的后半生。

判决书指出，1932年，日军在中国建立了第一个所谓的"慰安所"。1937年12月，日军在南京制造了"南京大屠杀"。之后，由于多种原因，日本政府和军队在中国、韩国、菲律宾、印度尼西亚等亚太国家和地区建立和推广了"慰安妇"制度，众多的外国女性被劫持、诱拐到了日军所在的地方，充当日军的性奴隶，被迫为日军提供性服务，遭受非人的折磨。日军投降后，她们被抛弃，且至今仍忍受着因当年的不幸遭遇所造成的伤害。日本政府从战争结束直到今天，未对它所负的个人责任和国家责任作出充分而真诚的道歉，这进一步对幸存者造成了伤害。在20世纪90年代初期，当年的性奴隶制度幸存者打破沉默，开始向日本要求赔偿，使此事开始浮出水面。经过专家、学者及幸存者本人多方面的努力，2000年12月8日，女性国

际战犯法庭在东京召开，75位幸存者或亲自出庭或通过录像作证，法庭作出了初步判决。

判决书接着指出，在听取了中国大陆及中国台湾、朝鲜、韩国、印度尼西亚、马来西亚、菲律宾、荷兰、东帝汶和日本等检察团的陈述以及6名历史和法律专家、两名日本老兵的证词及大量物证后，根据海牙条约的禁止伤害个人及家属尊严、禁止奴隶制度和本次审判宪章中规定的对女性犯罪将依据战争罪、反人道罪以及其他国际法裁定的原则，并依据纽伦堡法庭审判的原则认定，昭和天皇并无豁免权；在战时，他并非"傀儡"，而是日本的陆海军大元帅，有着最高决策权威。从大规模的"南京强奸事件"推断，昭和天皇知道或者应当知道强奸事件的发生，而且本应该采取措施阻止，而不是同意或至少允许该类事件在所谓"慰安妇"名义下继续发生。在日本军队推行"慰安妇"制度的漫长过程中，昭和天皇也没有制止。因此，昭和天皇裕仁犯有反人道主义罪。

对于日本国家的责任，判决书指出，军队是国家的机关之一，日军推行"慰安妇"制度，强迫各国妇女充当日军的性奴隶，凌辱、残害日军占领区的妇女，违犯了当时的国际法。而日本政府的其他部门在实行"慰安妇"制度

中也充当了积极协助的角色。因此，日本政府的行为违犯了1907年的《关于陆战法规惯例的海牙公约》，1921年的《关于禁止买卖妇女和儿童的日内瓦国际公约》，1930年的国际劳工组织通过的《禁止强迫劳动公约》。尽管日本政府当时没有完全加入这些公约，但这些公约作为国际习惯法，日本政府必须遵守。因此，日本建立并推广军队性奴隶制度已构成战争犯罪。根据国际法，法庭判决冈村宁次、松井石根等被告对日本实施性奴隶制度负有责任。

判决书指出，承认战争罪行，建立一个充分而公开的历史记录，以保证在下一代中不再发生这种罪行是日本政府的一种义务。法庭认为，日本政府在教育日本人民和下一代方面所做的努力是非常不够的。日本政府有责任采取强有力的措施，与幸存者协商，恢复受害者的尊严。日本政府更需要为"任何经济性可估价的损失"进行赔偿。在国际法中，赔偿必须由政府支付，必须对物质损失、失去的机会和受害者及其家庭和亲戚在感情上所受的伤害赔偿；赔偿必须是充分的。法庭发现推迟赔偿已经带给她们持续的痛苦，如愤怒、悲伤、孤独，经济窘困和贫穷，不可治愈的健康问题和不能恢复平静的心理问题，这些深度的损失也应给予赔偿；恢复名誉的同时，也应提供医学和

心理上的照顾，以及法律的和社会的帮助。

判决书慎重指出，日本政府应充分承认它建立"慰安妇"制度所负的责任，这个制度已违犯了国际法；作出充分而真诚的道歉，承担法律的责任，保证不再重犯；对受害者和幸存者进行赔偿；建立机构对日军性奴隶制度进行全面的调查，保存历史性的资料；通过建立纪念碑和纪念馆、图书馆以示对受害者和幸存者的认可、尊敬；与幸存者一起考虑建立一个事实及和谐委员会，它会记载在战争、政变和占领期间产生的性别歧视犯罪；倡议在正式的和非正式的教育机构里，包括各种层次的教科书里作出有意义的结论，以保证对大众的教育，尤其是使年轻人和后代了解实施的侵犯和所遭受的痛苦，把那些想回国的幸存者送回国；揭露所有的和"慰安所"有关的档案或资料，明确和惩罚参与建立"慰安所"和招募"慰安妇"的主要的犯罪者。

宣判之后，四位法官亲手将判决书——送到受害者的手中。当天下午，法庭IOC代表松井耶依、中国代表苏智良等人到日本驻荷兰大使馆将判决书交给该使馆，并要求其转交给日本政府。

第五章
前事不忘　后事之师

第一节 东京女性战争与和平资料馆

2000年12月8日,一场具有重要历史意义的世纪审判,一次旨在追究日本政府二战期间"慰安妇"制度罪行的历史昭示在日本东京拉开帷幕。这就是2000年"东京女性国际战犯法庭"。我随中国代表团参加了这次会议。提前两天到东京九段会馆报到,在拿到的会议资料中看到了会议策划组织者松井耶依的名字,后来几天的活动中,也总是看到松井忙忙碌碌的身影。此间,我利用活动间隙对松井耶依做了一次简短的采访并结识了她。其实,在这同时松井耶依已经疾病在身。2002年12月27日,她因癌症不治去世。

松井走了,但她的故事并没有结束。资料馆的建设成为松井生命的延续。现东京女性战争与和平资料馆馆长池田惠理子介绍,建立资料馆是松井耶依的遗愿,也是我们的愿望。松井是《朝日新闻》社会部著名女记者,从20世纪70年代开始投身女权运动,逐渐接触日军在战争期间对女性犯下的种种罪行。她生前曾写过大量有关战争遗留问题的文章,关注战争中受害的女性。离开报社后,松井继续转战中、韩、朝和东南亚各国,收集受日军侵害的"慰安妇"的证言和材料。2002年,松井被查出身患癌症,她在生命的最后时刻捐出所有有关慰安妇的资料和几千万日元的遗产,成立了"女性战争与和平人权基金",开始策划在东京建立资料馆。当年12月27日松井撒手人寰,《朝日新闻》第二天刊登了她在病床上写的最后一篇文章——《让我们一起建设女性战争与和平资料馆》。目前,资料馆陈列了松井生前所写的所有新闻报道的剪辑本,每本都是A4纸大小、厚如《辞海》,有40本之多。

遗愿终成。2005年8月1日,一座设立在侵略者土地上的、也是目前最完整的展示"慰安妇"历史事实的"女性战争与和平资料馆"(Women's Active Museum on War and Peace=WAM)在东京开馆了。

资料馆坐落于东京都新宿区西早稻田日本基督教会馆,建筑面积约120平方米左右。房间不宽余,但在狭窄的空间内却展示了如此丰富的内容,从"东京女性国际战犯法庭"的详细内容,到亚洲各国"慰安妇"受害者事实的详尽记述和日军老兵的加害者证言,到收集收藏的大量有关慰安妇研究的书籍。几年来,我曾经四次到这里参观,并且随着对资料馆了解的加深,我愈发对她的主人们肃然起敬。

谈起建立资料馆的意义,原馆长西野瑠美子说:"虽然常有政治家发表否认慰安妇和南京大屠杀的言论,但由于民众对这些历史问题并不了解,所以没有什么反应,这也就更加凸现出建立这个资料馆的重要性。要想与邻国建立友好关系,就必须认真反省战争罪行,但是这首先要求对历史有真正的了解。"池田惠理子说:"要改变日本不肯面对历史的现状,就是要让这些被埋藏的历史证言不断曝光,传达给新一代。这是资料馆的一个重大使命。"

池田与西野瑠美子都是在20世纪90年代日本政府承认"慰安妇"问题时,开始投入收集"慰安妇"资料的工作。她们意识到,被埋没的女人战史要是不尽快收

资料馆内，松井耶依和她生前的办公桌仍在。

东京女性战争与和平资料馆藏书室一角

东京女性战争与和平资料馆吸引来世界各地的参观者

东京女性战争与和平资料馆资料陈列

西野瑠美子和田中宏接受《中国青年报》记者采访中（庄庆鸿 摄）

东京女性战争与和平资料馆研究人员在工作中

集，就会永远被日本社会忽视、埋没。于是，便开始与一些志同道合的日本记者、学者以及市民团体到中国、韩国等地进行实地调查，下了决心要将这些"慰安妇"内心的故事一字一句地记录下来。她们经常和韩国、中国及菲律宾的女性团体一起整理资料，并利用所收集的资料为"慰安妇"们打官司，向日本政府讨回公道。

池田惠理子退休前是日本公共媒体机构NHK的制作人。她在NHK工作的三十七年间，制作了大量与战争有关的电视节目。1988年，她的节目试图从日军残杀菲律宾居民的历史事件中取材，却被命令停止制作。1996年，她制作的"慰安妇"专题节目再次被叫停。"这时我才明白，以日本人作为战争受害者为主题的节目可以顺利进行，但调查日本人的战争加害行为时，却会受到限制。"这给池田以很深的触动，促使她加入"山西省·查明会"，开始了作为一名普通市民的NGO活动。

资料馆在筹备阶段面临多重困难。馆址选在东京市中心，租地和维持预计需要1亿日元。池田说，如果日本每人肯捐1日元，1亿日元并不难，但许多人已经忘记了历史，对此并不关心。而关心的人大都经济拮据，有人变卖了收藏品，有人捐出了养老金，在近1800名普通市民和松井留下的基金的支持下，资料馆靠近7000万日元的捐款于2005年8月1日如期开馆。另外，资料馆也遇到了很多社会阻力。右翼分子不断打恐吓电话，资料馆的网站不时受到黑客攻击，有的聊天网站上充斥着各种辱骂资料馆的留言，还有一些右翼分子在网上宣称已经派人摸底，准备破坏资料馆等等。

同时，设在资料馆的留言簿却在激励着资料馆的工作人员。一位市民这样写道：我是在从靖国神社游就馆回家的路上顺便来参观这里的，游就馆里在宣扬"日本的战争是正确的"，这里的珍贵资料则在无声地倾诉事实，使我深受震撼。战争使人失去了人性，现在如果继续对战争问题置之不理，甚至歪曲历史，则更令人恐怖。希望今后能够在更开放的平台上展示这些内容。

日本告别了战争，并不代表就此告别历史。"女性战争与和平资料馆"的工作人员一心一意要留下Her-Story。只有不断捡拾历史篇章，才能够保持清晰的思路，创造和平。她们说："我们将与亚洲各国一起检视历史，直到历史鸿沟不再出现。"

走进资料馆的屋门，首先映入眼帘的便是那嵌满了140多位亚洲各国受害妇女头像的"照片墙"。她们中的许多已经离开人世了，唯有她们的笑容在这里永存。

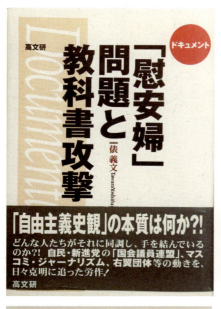

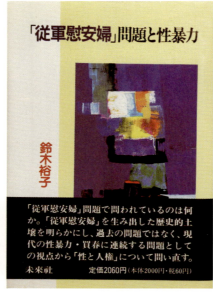

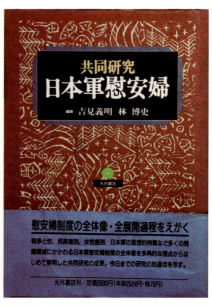

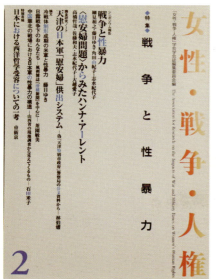

丰富的藏书、完整的资料，集纳了各国学者关于"慰安妇"问题的研究成果，带动了世界关于"慰安妇"问题的学术研究和运动发展。

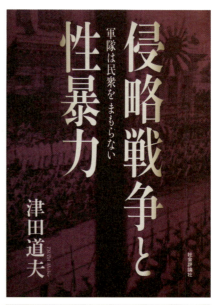

东京女性战争与和平资料馆馆长池田惠理子发表揭露日本性暴行的主题演讲

日本著名二战史研究学者堀村大一郎介绍自己关于"慰安妇"问题的著作

绘画：樱花树下的罪恶（东京女性战争与和平资料馆藏品）

第二节　上海中国"慰安妇"资料馆

中国"慰安妇"资料馆由上海师范大学中国"慰安妇"问题研究中心于2007年7月5日揭幕开馆。这是继汉城、东京之后世界上成立的第三个慰安妇资料馆。

资料馆陈列了80余种"慰安妇"研究资料，包括日军在上海设立的158个慰安所一览，日军在海南岛设立的67个慰安所一览，世界上第一个日军慰安所——上海"大一沙龙"内的富士山木雕、广告和门板等重要资料，已故受害者雷桂英大娘在逃跑时从慰安所带出的消毒药品，"慰安妇"受害者使用的战时日军避孕套及生活物品等。

在开馆仪式上，受害幸存者之一的万爱花说："我站出来，承认自己曾经做过日军的性奴隶，是想给我、给那么多和我同样遭遇的姐妹们申冤！"

资料馆开馆当日便迎来了第一批国际游客——由世界抗日战争史实维护联合会组织的全加拿大教师访华团。他们表示，设立这样的资料馆，对研究人员来说需要很大付出，而对曾受苦难的"慰安妇"来说更需要勇气。这可以让全世界携手为受日本迫害的妇女寻求公正。

中国"慰安妇"资料馆宣传画

展厅一瞥

性暴力受害者的遗物

中国"慰安妇"资料馆馆藏书籍与资料

中国"慰安妇"资料馆调查取证时，中国性暴力受害幸存者留存的指纹印记。

第三节　云南龙陵董家沟日军慰安所展览馆

董家沟日军慰安所旧址系松山战役旧址之一，位于龙陵老城区董家沟旁。房屋始建于1921年，占地842.1平方米，房屋建筑面积367平方米，全院有大小房间23间。房屋布局严谨，属典型的民国时期走马串角楼四合院民居建筑。

1942年日军占领龙陵后，该民居被强占为"军人服务社"——慰安所。董家沟日军慰安所是战时龙陵城最大的日军慰安所，同时也是日军"慰安妇"的"轮训"基地。1942年至1944年间，这里长期住有日、韩、中及东南亚各国被日军强掳、强征来的数十名"慰安妇"。这些"慰安妇"每天在此专供日军官兵淫乐，成为受害的日军性奴隶。1944年中国远征军收复龙陵前，为隐匿罪证，

日军以枪杀和强迫服毒方式处死了在这里的所有"慰安妇"。现存慰安所旧址和内设的日军"慰安妇"制度陈列展，是日本军国主义反人道罪行的重要罪证。

董家沟日军慰安所旧址作为松山战役旧址之一，由中华人民共和国国务院于2006年5月25日公布为"全国重点文物保护单位"。

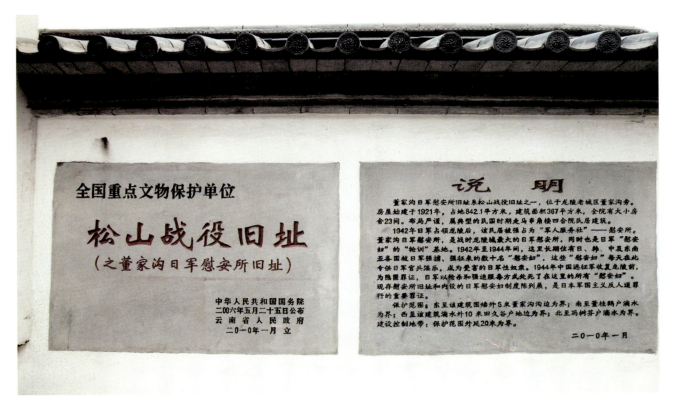

全国重点文物保护单位

松山战役旧址

（之董家沟日军慰安所旧址）

中华人民共和国国务院
二〇〇六年五月二十五日公布
云南省人民政府
二〇一〇年一月 立

说 明

　　董家沟日军慰安所旧址系松山战役旧址之一，位于龙陵老城区董家沟务。房屋始建于1921年，占地842.1平方米，建筑面积367平方米，全院有大小房舍23间。布局严谨，属典型的民国时期走马串角楼四合院民居建筑。

　　1942年日军占领龙陵后，该民居被强占为"军人服务社"——慰安所。董家沟日军慰安所，是战时龙陵城最大的日军慰安所，同时也是日军"慰安妇"的"轮训"基地。1942年至1944年间，这里长期住有日、韩、中及东南亚各国被日军强掳、强征来的数十名"慰安妇"，这些"慰安妇"每天在此专供日军官兵淫乐，成为受害的日军性奴隶。1944年中国远征军收复龙陵前，为隐匿罪证，日军以枪杀和强迫服毒方式处死了在这里的所有"慰安妇"。现存慰安所旧址和内设的日军慰安制度陈列展，是日本军国主义反人道罪行的重要罪证。

　　保护范围：东至该建筑墙外5米董家沟沟边为界；南至董桂鹤户滴水为界；西至该建筑滴水外10米田久谷户地边为界；北至冯树芬户滴水为界。建设控制地带：保护范围外延20米为界。

二〇一〇年一月

云南龙陵董家沟日军慰安所展览馆建筑

后记

历史的告白

　　2015年是世界反法西斯战争和中国人民抗日战争胜利七十周年。在二战已经过了漫长七十年的今天，七十年前的那段历史却依然沸沸扬扬，日本仍在歪曲掩盖，世界更加关注，这到底是为什么？

　　中国要警示！日本要反省！世界要明白！

　　我出版这本《二战时期日本强征"慰安妇"罪行采访纪实》，意在用真实的影像撩动那段历史的一角，用铁的事实去揭露日本妄图掩盖的日军二战性暴力罪行。

　　在中华民族的历史上，八年抗日战争写下了最为波澜壮阔的一页，那些为数不多的纪实影像成为记录那个时代的宝贵的摄影遗产，也成为传承中华民族精神不朽的思想和文化遗产。

　　而同样记录了那个时期日本军国主义战争罪行的许许多多的纪实影像，至今仍然震撼着人们的心灵。那一幅幅血腥的、惨烈的、悲壮的影像画面，成为昭示日本军国主义者发动侵华战争肆意践踏人性、疯狂屠杀中国人民的罪恶佐证。

　　第二次世界大战已经结束了七十年，仿佛所有的都该成为记忆。但是不尽然。一切似乎都是遥远的历史，一切又都是活生生的现实。关于历史问题，关于战争赔偿，关于中日友好，依然是争论不休的话题。在我们的视野中，日本军国主义者发动的那场侵略战争的阴霾依然没有散去，那些寥寥无几的、年迈的战争受害者的心还在淌血；战争罪恶的清算举步维艰，日本军国主义势力否认战争罪行、为侵略历史翻案的鼓噪喧嚣依然甚嚣尘上……

　　我拍摄的大量的纪实影像为证。

　　我的旨在揭露日本侵华战争罪行、尤其是中日战争遗留问题的纪实摄影追踪，从1992年起，已经进行了二十多年，无数张真实的纪实图片成为这一段历史的影像佐证。

　　关于我的这些以"为历史作证"为主题的纪实图片的作用，旅美摄影评论家王瑞在《控告：战争受害者的切身揭露与纪实摄影的立此存照》一文中这样评价说：

　　"一场战争的事实并不因该场战争的结束而告终，对引发战争的历史原因和对战争罪恶的清算检讨，往往是随战争的结束而开始，检讨的过程甚至比战乱的过程更加漫长、也更为艰难。因为事过境迁以后，实际卷入战争的当事人必然逐渐消失，大量足以还原事实的人证史料随之流逝，从而为清算战争造成困难和悬念。

　　也正因如此，挑动战争的罪犯一方，往往采取销毁证据、隐瞒事实达到篡改历史的无赖手法，企图逃避罪责。

在这个意义上，一场战争并非随着地理战场的定局而结束，甚而在勘定历史的这条看不见的战场上继续搬演着无形的政治战斗。

第二次世界大战中，挑起战争的日本方面至今仍然坚持军国主义战争贩子的死硬立场，拒不向战争受害国家的无数战争受害个人道歉赔偿，甚至变本加厉地颠倒黑白，掩盖并歪曲事实。于此，对日本侵略中国的战争清算，既具有还历史本来面目的正当意义，更有为战争受害者讨还公道并对挑起战争者进行彻底惩罚的道德意义。

事实取证作为战争清算罪恶的凭据，具有还原历史真实的特别重要作用。"

日本军国主义发动的侵华战争，恶行累累，罄竹难书，造成3500多万中国人伤亡，经济损失超5000亿美元之多。但即便是这样，总是"以德报怨"的中国人始终以博大的人道主义情怀，为建立和发展友好的中日关系而竭尽全力。但这并不意味着对历史的一笔勾销。对此，周恩来总理曾经说："可以原谅，但不可以忘却。"事实应该是也必须是，两国的真正友好必须建立在对战争历史彻底清算的基础上。以史为鉴，总结过去方能开辟未来。但时至战争结束七十年后的今天，日本对战争历史的清算这一步依然没有迈开；中日两国众多有智慧的政治家和仁人志士为之奋斗终生的期望建立"真正友好的中日关系"的目标并没有实现。相反，历史与现实问题扭结在一起的、更为错综复杂的课题摆在了我们面前，隐藏在"中日友好"惯常口号之下中日两国人民心灵上的那道"伤痕"和"鸿沟"依然很深很深。

这其中包括两国必须面对的不知到何时才能解决的中日战争遗留问题。

这是又一段不寻常意义的中日历史。

于是，我越来越深入地走进了已经逝去的和正在发生的历史。当真相得以揭露，当历史得以还原，当一幅幅昭示历史的影像得以展现眼前，不能不令人感到历史那沉甸甸的分量。这些图片，既具有特定历史时段的影像留存作用，同时也具有昭示于世、教育后人的警示作用。我想要通过这些影像告诉人们的就是，战争与和平是人类永恒的主题，战争对于人类极其残酷，和平对于世界又尤为珍贵。而残酷的历史和历史的现实还告诉我们，历史绝不能被忘记，背叛历史就有可能重蹈覆辙。我期待战争的历史能够在今天的和平环境中享有自己的位置，也祈望它能成为回响在中日两国人民耳边的一记警钟而长鸣不息。

2015年，我们都将处在一个刻骨铭心的年份，我们该怎样面对，我们又该做些什么？

历史永远是一部厚重的教科书。

历史是一面镜子。

而我们必须不断地反思。

我一次次到日本采访，诸多见闻，让我感到历史是如此沉重。中国战争受害者为追讨历史正义艰难的诉讼，日本教科书里对侵略战争历史的歪曲掩盖，靖国神社右翼分子的丑恶表演，游就馆里为日本侵华战争歌功颂德的精心布局，等等，着实让我感到追讨历史正义的漫长和艰辛。不能否认，战争之后的另一场"战争"依然继续。这是围绕民族尊严、历史尊严的正义与邪恶、真理与谬误的决斗。

收入本书的影像记录，正是这一艰辛曲折进程中的历史再现。这些历史的真相，对于战争受害国和加害国的下一代，都是非常宝贵的财富。了解历史的真相，他们才可能担负起推动和平友好的责任。

2000年，我参加在日本举行的"东京女性国际战犯法庭"，第一次面对面地接触来自亚洲各国的日军性暴力受害者，听她们讲述在二战时期遭受日本军国主义残酷性暴力摧残的人生经历。我倾听她们的血泪之声，拍下她们悲愤难抑的面容。我走近了她们，一直到今天。而今，当这本书得以出版，我终感安慰。感谢在采访、编辑过程中给予我大力支持和帮助的中国人民抗日战争纪念馆、旅日华侨中日交流促进会、东京女性战争与和平资料馆、台北市妇女救援基金会、中国"慰安妇"问题研究中心、中国"慰安妇"资料馆、云南龙陵董家沟日军慰安所展览馆、中华书局等众多社会团体。感谢林伯耀先生、陈君实先生、池田惠理子女士、苏智良教授、张焕利先生、康淑华女士、罗华彤先生、郭妍女士、张双兵先生、朱弘先生等各位师友的资料支持和鼎力相助！

张国通

2015年1月

张国通简介

1954年生

河南省叶县人

郑州大学中文系毕业

高级政工师

中国摄影家协会会员

平顶山摄影家协会副主席

河南摄影报主编

河南省艺术学会副主席

1987年　《同是好年华》获全国摄影比赛一等奖

1991年　《光明的使者》获"中国一日"摄影比赛金奖

1995年　获河南省第二届文学艺术优秀成果奖

1999年　出版大型摄影画册《花冈事件》，获河南省优秀图书一等奖，

　　　　河南省外宣品特等奖，"五个一工程奖"，全国外宣品金桥奖

2002年　北京《为历史作证》摄影个展，作品全部捐赠中国人民抗日战争纪念馆

2002年　被《摄影之友》评选为"中国最重要摄影人物"

2004年　被中国艺术摄影学会评为"中国优秀摄影家"

2005年　出版《为历史作证》

2005年　出版《花冈事件60年》

2005年　北京《花冈事件60年》摄影展

　　　　上海《不能忘却的历史》摄影展，作品全部捐赠上海淞沪抗战纪念馆

　　　　河南省委宣传部主办《为历史作证》摄影展

　　　　平遥国际摄影节《为历史作证》摄影展

2005年　获河南省摄影"金路奖"

2006年　启动《为历史作证》100展

2006年　中国摄影家协会授予"中国摄影50年突出贡献摄影工作者"

2007年　出版《历史·记忆·见证》

2007年　北京卢沟桥·"七七事变"70周年《为历史作证》摄影展

2007年　天津中国劳工纪念馆《为历史作证》摄影展

2007年　南京·纪念南京大屠杀70周年大屠杀纪念馆《为历史作证》摄影展

2008年　《为历史作证》100展巡展日本东京、大馆、长崎

2008年　出版《新美隆》

　　　　香港中央图书馆《为历史作证》摄影展

　　　　北京798艺术区《为历史作证》摄影展

2009年　获河南省摄影金像奖

2010年　出版《历史的告白》，获平遥国际摄影大展"优秀画册奖"

2010年　当选"中国具有影响力摄影家"

2010年　河南省艺术中心《为历史作证》摄影展

2011年　响沙湾国际摄影周《为历史作证》摄影展

2011年　日本大馆《为历史作证》摄影展

2012年　获"第九届中国摄影金像奖"

2013年　台湾《为历史作证》摄影展